S t e f a n   B r o s i g

Ingwer, Meerrettich und Süßholz in der Pferdefütterung

Nahrungsmittel als wirksame Medizin

außerdem

Moose gegen Pilzerkrankungen

Naturmittel gegen Strahlfäule

Ambulante Behandlung von Hornsäulen

Klebeverbände über Wunden

Behandlung von Hornspalten

Ingweranwendung beim Menschen

Behandlung von Sarkoiden

Der Autor ist promovierter physikalischer Chemiker, reitet seit 1978 und hält eigene Pferde seit 1986

Bibliographische Information Der Deutschen Bibliothek:

Die Deutsche Bibliothek verzeichnet diese Publikation in der Deutschen Nationalbibliographie; detaillierte bibliographische Daten sind im Internet über <http://dnb.ddb.de> abrufbar

Copyright 2006 2008 2010 2013 Dr. Stefan Brosig
Herstellung und Verlag: BoD - Books on Demand, Norderstedt
ISBN: 978-3-8334-6928-2
Umschlaggestaltung: Anja Küstner, Jörg Endrich, Stefan Brosig
Photos: Stefan Brosig, Elke von Lingelsheim, Imke Eppers

Dieses Buch ist meinem Warmblutwallach und ehemaligen Schulpferd Waran (1971 – 2006) gewidmet, dem Ingwer, und später auch Meerrettich, als erstem das Leben auf schöne und lebenswerte Weise verlängerte!

Abschied

Lange waren wir beisammen,
haben vieles schon erlebt,
war'n uns liebe Kameraden,
bis zuletzt die Stunde schlägt!

Durch das Leben schwach geworden,
gib mich frei und laß mich zieh'n!
Keine Trennung ist auf Dauer,
bald schon gibt's ein Wiederseh'n!

Und bis dahin, sei nicht traurig,
besser könnt' es mir nicht geh'n!
Mit den Freunden, die schon gingen,
ewig jung und ewig kräftig,
immer gut gelaunt und prächtig,
über ewiggrüne Weiden,
lüftetrinkend, jag' ich hin!

(geschrieben am 30.7.2006)

Vorwort zur 1. Auflage

„Warum einfach, wenn es auch kompliziert geht!" scheint eine heutzutage leider weit verbreitete Ansicht zu sein. Einfachheit wird häufig auch mit mangelhaft gleichgesetzt. Ähnliches hatte übrigens auch schon Goethe erkannt:
„Warum in die Ferne schweifen, sieh', das Gute liegt so nah!"
Daß das Einfache aber nicht nur gut, sondern manchmal sogar besser als das Komplizierte ist, möchte ich in diesem Buch zeigen, in dem mehrere Heilverfahren bei Pferden beschrieben sind, die den Methoden der klassischen Tiermedizin nicht nur ebenbürtig, sondern in mancher Hinsicht sogar deutlich überlegen sind! Wenn man die Dosierungen entsprechend anpaßt, lassen sie sich teilweise auch auf den Menschen übertragen.

Stefan Brosig
im Dezember 2006

Vorwort zur 2. ergänzten und überarbeiteten Auflage

Neue Erkenntnisse und Erfahrungen vieler Anwender haben eine ergänzte und überarbeitete Auflage sinnvoll gemacht. Erfreulicherweise beginnt sich der Einsatz von Ingwer, teilweise auch schon Meerrettich, auch langsam unter den behandelnden Tierärzten zu verbreiten. Auch an den Universitäten wird in den letzten Jahren vermehrt über Naturheilmittel wie Ingwer u. a. geforscht, obwohl auf diesem Gebiet keine sprudelnden Geldquellen von Pharmaunternehmen zu erwarten sind.
Das Potential hinter den Naturheilmitteln ist meines Erachtens aber immer noch nicht voll erkannt. Viele frühere Untersuchungen sollten meines Erachtens aufgrund der in diesem Buch beschriebenen nichtlinearen Zusammenhänge zwischen Dosis, Wirkung und Nebenwirkungen unter Ausreizen der Dosis bis zur Verträglichkeitsgrenze wiederholt werden, und ich erwarte daraus eine große Anzahl neuer sinnvoller Anwendungen bei Tier und Mensch.
„Gegen jedes Leid ist ein Kraut gewachsen!" sagt ein Sprichwort. Zumindest sollte man es nicht leichtfertig außer acht lassen!

Stefan Brosig
im Januar 2008

Vorwort zur 3. ergänzten und überarbeiteten Auflage

Die Erkenntnisse der letzten Jahre zur Fütterung von Ingwer und Meerrettich an Pferde haben das bislang bereits Bekannte bestätigt, und es ist für diese beiden Substanzen nicht viel Neues hinzugekommen. Die Erkenntnis, daß Ingwer für Pferde als Heilmittel von großem Nutzen ist, zieht immer weitere Kreise.

Dennoch war es an der Zeit, eine neue Auflage herauszugeben, denn es gab wesentliche Fortschritte auf anderen Gebieten, z.B. für die bekömmliche „Verfütterung" von Ingwer an Menschen mittels einer doppelten Verkapselung. Außerdem hat sich Süßholz als ein vielversprechendes Mittel zur deutlichen Linderung von Headshaking herausgestellt! Die ersten Untersuchungen scheinen auch darauf hinzudeuten, daß es beim Pferd dazu geeignet ist, Herpesviren zu bekämpfen!

Somit stehen nun mit Ingwer, Meerrettich, Süßholz und den Moosen vier potente Mittel bereit, um beim Pferd breitbandig Entzündungen, bakterielle Infektionen, Headshaking und Hautpilze zu behandeln. Einige der Methoden sind dabei gut auf den Menschen zu übertragen!

Zur Bekämpfung hartnäckiger Strahlfäule und auch zu deren Vorbeugung hat sich weiterhin eine äußerlich angewendete Mischung aus Oregano, Haferschmelzflocken und Wasser als sehr wirksam und gleichzeitig schonend erwiesen.

Und an den Hufen auftretende Hornspalten lassen sich bis zum vollständigen Herunterwachsen einfach durch Überkleben mittels Glasfasergewebe und einem Kunstharz reparieren.

Daß Ingwer für Menschen sehr gesund ist, weiß man übrigens schon lange! Schon Shen Nung, der zweite Gelbe Kaiser Chinas, schätzte Ingwer für die menschliche Gesundheit überaus hoch ein! Er teilte Heilpflanzen in drei Klassen ein: Die „Diener-Kräuter", die giftig waren und nur in kleinsten Mengen eingenommen werden durften, die „Minister-Kräuter", die zwar nicht giftig waren, die man aber dennoch nur über einen begrenzten Zeitraum hinweg zu sich nehmen sollte, und die „Königlichen Pflanzen", die auch in größeren Mengen und unbegrenzt lange eingenommen werden durften, den Menschen vor Krankheiten schützten und seine Lebenskraft erhielten. Ingwer stellte dabei für den Gelben Kaiser eine der wichtigsten Pflanzen in dieser Königsklasse dar!

Ich bin zwar kein „Gelber Kaiser", aber diese Aussage gilt meines Erachtens auch für den Ingwer in der Pferdefütterung!

Ich wünsche Ihnen viel Erfolg bei der Behandlung Ihrer Vierbeiner!

Stefan Brosig
im Januar 2010

Vorwort zur 4. ergänzten und überarbeiteten Auflage

In den drei Jahren nach der letzten Überarbeitung haben sich genügend neue Erfahrungen angesammelt, um eine neue Ausgabe zu rechtfertigen. Eine wichtige Aufgabe dieses Buches ist auch, den Pferdehaltern den Unterschied zwischen Entzündungshemmung und Schmerzhemmung zu verdeutlichen und ebenso den zwischen Entzündung und Infektion, denn viele Menschen verwechseln diese Begriffe noch zum Nachteil ihrer Pferde, aber auch zu ihrem eigenen Nachteil!

In der Zwischenzeit hat der Ingwer auch gewissermaßen den „Ritterschlag" durch die Fachwelt erhalten: Er ist in die Dopingliste aufgenommen worden! Vermutlich ist er das einzige anerkannte Dopingmittel ohne schädliche Nebenwirkungen, denn auch nach bis zu 10 Jahren Dauereinsatz an meinem sensiblen Vollblüter kann ich keine erkennen. Dies ist der Vorteil eines Lebensmittels!

Und sein Einsatz breitet sich mehr und mehr auch auf andere Tierarten aus. So werden z.B. auch schon ein Zebra und sogar eine alte Elefantendame mit Arthrose (Tagesdosis 250 Gramm afrikanischer Ingwer) mit ihm auf schonende Weise behandelt.

Die schon in der ersten Auflage beschriebene wurmaustreibende Wirkung bestätigte sich auch noch nach vielen Jahren der Anwendung, ohne daß Resistenzen zu beobachten waren. Allerdings mit einer Ausnahme: Bandwürmer! Gegen diese wirkt der Ingwer (wie auch viele der üblichen Wurmkuren) nicht. Von daher empfehle ich die sogenannte selektive Entwurmung, die in einigen Ländern schon üblich geworden ist und bei der durch Kotproben die Art der Würmer bestimmt wird und dann ganz spezifisch nur gegen diese vorgegangen wird.

Die Behandlung von idiopathischen Headshakern mit Süßholz ist noch nicht verbreitet, sicherlich auch deshalb, weil bei der Anwendung aufwendigere begleitende Untersuchungen empfehlenswert sind. Eine stärkere Verbreitung wäre meiner Meinung nach wünschenswert, zumal bei meinem eigenen Vollblüter, der jetzt ins fünfte Behandlungsjahr geht, eine stete Abnahme des Headshakings von Jahr zu Jahr feststellbar war, wodurch die Dosierung jedes Jahr etwas gesenkt werden konnte. Es kommt offenbar langfristig zu einer teilweisen Heilung der Ursache des Headshakings!

Erneut wünsche ich allen viel Erfolg bei der Behandlung Ihrer Pferde!

Stefan Brosig
im Januar 2013

P.S.: Im Jahr 2012 ist mit 92 Jahren Deutschlands erfolgreichster Galopprennpferde-trainer Heinz Jentzsch gestorben. Wenige wissen, daß dieser vielseitige Mann auch gemalt hat! Im Gedenken an Deutschlands vielleicht größten Pferdemann habe ich auf Seite 10 ein von ihm in Öl gemaltes Bild wiedergegeben, das ich geerbt habe und auf das ich sehr stolz bin. Es zeigt Acatenango, den Sieger vieler großer Rennen und Onkel meines Amarock.

Die „Gründerpferde":

Waran (1971 – 2006)
(mit 35 Jahren)

Assi (1974 - 2004)
(mit 30 Jahren)

Amarock (*1987)
(mit 19 Jahren)

Renaissance Fleur (*1992)
(mit 14 Jahren)

Inhaltsverzeichnis

Einleitung

Seit dem Jahr 2002 wird **Ingwer** bei Pferden zur Behandlung der unterschiedlichsten Leiden eingesetzt, vor allem bei verletzungs- oder altersbedingten Arthrosen und Entzündungen.

Anfangs breitete sich seine Anwendung nur langsam unter den Pferdehaltern aus, da Ingwer von Seiten vieler Mediziner und auch der Pharmaindustrie mit großem Mißtrauen betrachtet wurde. Ein Gewürz habe in der Pferdeheilkunde, klassisch und medizinisch dogmatisch betrachtet, einfach nichts verloren, meinten sie. Darüber hinaus war es auch noch frei verfügbar und konkurrenzlos billig.

Nachdem aber ein berühmtes Pferd, die Dressurstute und ehemalige große Olympia-Hoffnung **Renaissance Fleur** (Trakehner) im Jahr 2003 erfolgreich mit Ingwer behandelt wurde und immer noch wird, breitete sich die Verwendung von Ingwer unter den Pferdehaltern zuerst geradezu explosionsartig und nun weiter stetig aus.

Durch gezielte Untersuchungen oder auch durch reine Zufallsentdeckungen sind dabei, über die Behandlung von Arthrosen hinaus, noch weitere Anwendungsfelder neu hinzugekommen. Es zeigte sich, daß das Lebensmittel Ingwer „ganzheitlich" wirkt, um einmal dieses Modewort dafür zu gebrauchen.

In der Zwischenzeit wurde die Wirksamkeit des Ingwers, wenn auch „zähneknirschend", anerkannt, und er wurde daher in die Dopingliste aufgenommen.

Im Jahr 2004 ist zum entzündungshemmenden Ingwer noch der **Meerrettich** als breitbandig wirkendes Antibiotikum hinzugekommen, der damit dieses Manko des Ingwers auszugleichen hilft. Die Verwendung des Meerrettichs (auch etymologisch wohl der „Mährrettich"), der in einigen Belangen herkömmlichen Antibiotika sogar überlegen ist, breitet sich nun ebenfalls zunehmend aus. Auch für Meerrettich könnte die „Gefahr" bestehen, irgendwann in die Dopingliste aufgenommen zu werden, denn er scheint bei Fütterung über mehrere Wochen hinweg den Gehalt an Blutfarbstoff zu erhöhen (ähnlich wie EPO).

Im folgenden möchte ich den derzeitigen Wissensstand zur Ingwer- und Meerrettichfütterung umreißen, der auf Untersuchungen an meinen eigenen Pferden und denen von Bekannten, Pferden des Gestüts Rondeshagen und auf Erfahrungsberichten vieler anderer Besitzer (insgesamt einige 100 Pferde) beruht, denen ich hiermit vielmals für ihre Bereitschaft zum Erfahrungsaustausch danken möchte! Ohne sie wäre der Fortschritt in den Erkenntnissen zur Ingwer- und Meerrettichfütterung bedeutend langsamer verlaufen.

Zum Schluß des Buches möchte ich auch noch einige weitere Naturstoffe vorstellen, die es verdienen, in großem Umfang eingesetzt zu werden. Mit besonderem Nachdruck möchte ich hier auf die **Moose** gegen die verbreiteten Pilzerkrankungen hinweisen, ebenso auf **Süßholz** gegen pollenbedingtes Headshaking.

Außerdem finden Sie eine Möglichkeit zur ambulanten Behandlung von **Hornsäulen** und ein einfaches Verfahren, **Hornspalten** im Huf durch Herauswachsen abheilen zu lassen. Eine Versorgung von Wunden mittels **Klebeverbänden**, die mir bereits vor vielen Jahren von einer Tierärztin gezeigt worden war, und die es verdient, nicht wieder in

Vergessenheit zu geraten, ist ebenfalls enthalten! Weiterhin scheint eine äußerliche Wechselbehandlung von Sarkoiden mit Lebermoosextrakt und Lebertran das Wachstum von equinen Sarkoiden zu stoppen bzw. zu hemmen.

Acatenango (1982-2005),
gemalt von seinem Trainer Heinz Jentzsch (1920-2012)

A. Ingwer

Grundlagen

In der Pferdeheilkunde sind in den letzten Jahrzehnten große Fortschritte erzielt worden, und es ist heute möglich, Verletzungen zu behandeln, die früher einem Todesurteil gleichgekommen wären.
Trotzdem weist die ärztliche Heilkunst immer noch einige sehr deutliche Schwachstellen auf, die die Pharmaindustrie bis zum heutigen Tage nicht zu beseitigen vermochte.
Eine dieser Schwachstellen ist die Bekämpfung von Entzündungen und Schmerzen ohne schädliche Nebenwirkungen. Die bislang verfügbaren schmerz- und entzündungshemmenden Mittel aus der Gruppe der nichtsteroidalen Entzündungshemmer (am bekanntesten bei den Pferdehaltern ist wohl der Wirkstoff Phenylbutazon, bekannt u. a. als Equipalazone®), abgekürzt oft als NSAIDs oder NSARs bezeichnet (non-steroidal anti-inflammatory drugs bzw. nichtsteroidale Antirheumatika), greifen alle nach bereits kurzer Zeit den Verdauungstrakt so stark an, daß deren Einsatz zeitlich beschränkt erfolgen muß und ein andauernder Einsatz bei chronischen Entzündungen und Schmerzen, z.B. auch bei altersbedingtem Verschleiß, ausgeschlossen ist.
Eine weitere Schwachstelle ist "Die verlorene Kunst des Heilens" selbst, wie der amerikanische Mediziner und Nobelpreisträger Bernard Lown in seinem gleichnamigen Buch beklagt. Die Medizin hat sich mehr und mehr zu einer Notfallmedizin entwickelt. Bei der Nachbehandlung und langfristigen Ausheilung einer Krankheit steht der Mensch, und eben gerade auch der Pferdehalter, oft ziemlich verlassen da.

Australische Wissenschaftler des Herbal Medicine Research and Education Centre und der University of Queensland haben daher mit einer Entdeckung aus Mutter Natur dazu beigetragen, diese Schwachstellen für viele Anwendungsfälle zu beseitigen:
Sie fanden im Jahr 2001, daß das Gewürz Ingwer, bzw. ein Extrakt daraus, bei Ratten das Schmerzempfinden herabsetzt und entzündungshemmend wirkt!
Bei Ingwer handelt es sich um die Wurzel (genauer: das Rhizom) der schilfartigen Ingwerstaude (Zingiber officinale), die von Indien bis China, in anderen Tropengebieten und auch Afrika angebaut und vornehmlich als Gewürz frisch oder getrocknet gehandelt wird. Bekannt ist den meisten vor allem das Ingwerpulver aus dem Gewürzregal.

Ingwer wirkt dabei nicht homöopathisch oder wie ein Placebo, sondern nach Schulmedizin: Bestimmte Inhaltsstoffe des Ingwers, vor allem wohl die sogenannten Gingerole und Shogaole, die wesentlichen Scharfstoffe des Ingwers (englisch: ginger), docken an die gleichen (sogenannten "vanilloiden") Rezeptoren in den Zellen an wie z.B. die nichtsteroidalen Entzündungshemmer Ibuprofen®, Aspirin® und auch Equipalazone®).
Dabei zeigt aber der Ingwer nicht die schweren Nebenwirkungen, die mit der Gabe der üblichen nichtsteroidalen Entzündungshemmer verbunden sind! Für Ingwer sind beim Menschen keine Gegenanzeigen bekannt. Selbst Schwangere dürfen ihn schon seit langem gegen Übelkeit einnehmen (Obstetrics & Gynecology, Bd. 105, April 2005).

Überraschenderweise hat es sich gezeigt, daß Ingwer, bezogen auf das Körpergewicht, bei Pferden deutlich stärker schmerz- und entzündungshemmend wirkt als bei Ratten. Es zeigte sich darüber hinaus, daß Ingwer in **allererster Linie ein Entzündungshemmer** ist und Schmerzen vor allem dann effektiv beseitigt, wenn den Schmerzen eine Entzündung zugrunde liegt!

Historisches

Das Pferd, welches als erstes täglich und langfristig Ingwer in größerer Menge als Futterzusatz erhielt, war mein Warmblutwallach Waran (geb. 1971, gestorben Juli 2006 an den Folgen des völlig zahnlos gewordenen Unterkiefers). Er bekam Ingwer (in getrockneter gemahlener Form) ab März 2002 wegen einer starken Hufgelenksentzündung zunächst über 7 Monate hinweg in einer schmerz- und entzündungshemmenden Menge von ungefähr 3 Gramm pro 100 Kilo Körpergewicht, und danach weiter in versuchsweise wechselnden Mengen (zwischen 1,5 und 4 Gramm pro 100 Kilo Körpergewicht) zur weiteren Ausheilung und weil er ihm offensichtlich insgesamt gut tat. Die letzten 2 Jahre seines Lebens erhielt er tägliche Mengen von 3 bis 4 Gramm pro 100 Kilo Körpergewicht ohne Anzeichen irgendwelcher Nebenwirkungen. Ein Bild (mit 35 Jahren) meines sehr anhänglichen Wallachs, den ich nie vergessen werde, ziert daher die Rückseite dieses Buches.

Seit ich in Leserbriefen an Pferdezeitschriften darüber berichtet hatte, hat Ingwer auch schon vielen anderen Pferden das Leben erleichtert und gerettet. Er wird auch bereits von Gestüten routinemäßig zu Behandlungen eingesetzt, rassemäßig übergreifend vom Isländer bis zum Trakehner und Vollblüter.

Prominentester „Ingwerfresser" und gleichzeitig "Blockadebrecher" gegen das damalige Vorurteil vieler Tierärzte, Ingwer wirke nur wie ein Placebo, ist wohl die Trakehner Stute Renaissance Fleur, die im Februar 2003 im Ausbildungsstall auf tragische Weise einen dreifachen Trümmerbruch von Fesselbein und Fesselgelenk erlitt. (Dieser Unfall zerschmetterte gleichzeitig die Hoffnung dieser besten deutschen Dressurstute auf eine Medaille bei Olympia 2004.) Das Bein wurde in einer Notoperation mit neun (!) Schrauben wie ein Mosaik wieder einigermaßen zusammengesetzt. Das Gewicht des Pferdes wurde gleichzeitig über einen Außenverband um die Fessel herum direkt auf den Huf übertragen. Ein Beweis, was die heutige Medizin Unglaubliches zu leisten vermag! Als die Stute nach vier Monaten aus der Klinik kam, lief sie allerdings von Tag zu Tag schlechter. Das Fesselgelenk versteifte (gewollt) völlig. Schließlich lahmte die Stute wegen Arthrosen stark und magerte auch immer mehr ab (die meisten Pferdezeitschriften berichteten damals darüber).

Das linke Bild zeigt Renaissance Fleur im August 2003 nach der Rückkehr aus dem Ausbildungsstall, in dem sie nach dem Klinikaufenthalt vorübergehend noch einmal stand, ins Gestüt, das rechte Bild zeigt sie im November nach nur 2 Monaten unter Ingwer.

Durch Ingwerfütterung wurde der Stute seit September 2003 wieder ein schmerzfreies Gehen und auch Traben möglich. Damit war der Weg frei für ein hoffentlich noch langes und beschwerdefreies Leben dieser großen Stute. Der Stute ging es unter Ingwer zunehmend besser, und sie kann auch wieder über die Weide galoppieren. Das betroffene Bein wurde darüber hinaus mit der Zeit wieder etwas dünner. Einem Einsatz in der Zucht stand nichts mehr im Wege, und im April 2006 bekam Renaissance Fleur ihr erstes Fohlen, Roulette, kerngesund. Im Jahre 2008 kam dann das zweite Fohlen und 2010 das dritte. 2011 hatte sie eine Zwillingsgeburt, von der leider keines der beiden Fohlen lebensfähig war. Die Geburt war eine große seelische Belastung gewesen, aber die Stute erholte sich durch die gute Betreuung schnell davon. Im Frühjahr 2013 wird wieder ein „Ingwerfohlen" erwartet.

Das Bild auf dem Buchumschlag zeigt sie 2006 zusammen mit ihrem ersten Fohlen, ihrer Mutter Regatta (gestorben im Oktober 2009 mit 29 ½ Jahren) und ihrer Besitzerin im Gestüt Rondeshagen.

Seit Anfang 2003 läuft eine Studie des Reha-Team Aggertal (Leiterin M. Hompesch), in der Ingwer hochdosiert und dabei erfolgreich an Pferden angewendet wird, die sich gegenüber konventioneller tierärztlicher Behandlung als therapieresistent erwiesen haben. Diese Pferde leiden an hochgradiger Arthrose an mehreren Gelenken gleichzeitig, beidseitigem hochgradigem Spat, hochgradiger Podotrochlose („Hufrolle"), hochgradiger Ataxie/HWS-Syndrom, Zügellahmheit, Verkalkungen und anderem.

Obwohl Ingwer etwas mehr Aufwand bei der Anwendung macht und die Wirkung erst mit größerer Verzögerung einsetzt als bei bisher vom Tierarzt bei Entzündungen und Schmerzen üblicherweise verordneten Mitteln, überwiegen bei weitem seine **Vorzüge**:
- **keine Nebenwirkungen**
- **keine Gegenanzeigen** und
- **keine Wartezeiten**,
da Ingwer ein Lebensmittel ist. Zudem ist er preiswert.

Tierärzte mögen zwar schneller wirkende Mittel in ihrem Fundus haben, aber keine, die besser und gesünder wären!

Daher ist er als das Mittel der Wahl anzusehen und sollte mindestens bei voraussichtlich längerer Anwendung eines Schmerz- und Entzündungshemmers stets zum Einsatz kommen. Man befolgt dabei eigentlich nur einen Leitspruch des alten Hippokrates (um 460 -375 v. Chr.): „Laßt die Nahrung euer Heilmittel sein und Heilmittel eure Nahrung!"

Anwendung

Für den Pferdehalter sind vor allem praktische Hinweise zur Anwendung interessant, denn es wird von ihm verlangt, die für sein Pferd individuell benötigte Dosis selbst zu bestimmen. Im folgenden möchte ich daher die wesentlichen Punkte aufzählen, die für eine erfolgreiche Anwendung beim Pferd zu beachten sind:

1.) Ingwer ist ein **Naturprodukt**, und seine schmerz- und entzündungshemmende Wirkung ist stark abhängig von seiner Herkunft und seinem Gehalt an Wirkstoffen, das sind vor allem die **Scharfstoffe** und von diesen die **Gingerole**, die im handelsüblichen getrockneten Ingwerpulver zwischen 0,5 und 3 % schwanken. Den höchsten Gehalt an Gingerolen weist üblicherweise Ingwer aus Afrika (Tansania, Nigeria) auf, es gibt aber auch sehr gute Qualitäten aus anderen Ländern (z. T. mit zertifiziertem Scharfstoffgehalt von ungefähr 2 % oder mehr). Ingwer guter Qualität kann man heute über das Internet und auch einige Pferdesportversandhändler (z.B. Masterhorse) schnell und kostengünstig beziehen. Es gibt aber auch schwarze Schafe, die schlechte asiatische Qualitäten als guten Ingwer verkaufen! (Man sollte beim Vergleich unterschiedlicher Ingwerchargen die Art der angewandten Analyse beachten! Die einfacheren photometrischen Bestimmungen liefern deutlich höhere Gehalte als solche, die mittels HPLC (Hochdruckflüssigchromatographie) erstellt wurden und bei der das zu analysierende Stoffgemisch zuvor sauber aufgetrennt wird! HPLC liefert dafür vermutlich Werte, die geringfügig unter dem wahren Wert liegen.) Ingwer aus Afrika hat sich nach bisheriger Erfahrung stets als gleichwertig zu solchem aus anderen Gegenden der Welt erwiesen, selbst wenn sein Scharfstoffgehalt nur bei etwa 1,5 % lag. (Er wird dafür z.B. von mäkeligen Pferden besser akzeptiert!) Eine Erklärung hierfür mag sein, daß der afrikanische Ingwer selbst wenn er einen geringeren Gehalt an entzündungshemmenden Stoffen aufweist, gleichzeitig auch einen geringeren Anteil an entzündungsfördernden Stoffen enthält und die Differenz aus beiden Stoffklassen entscheidend für die Gesamtwirkung ist. Zudem scheinen im Ingwer auch noch andere Wirkstoffe an der entzündungs- und schmerzhemmenden Wirkung beteiligt zu sein! (Eine Substanz, die in afrikanischem Ingwer in deutlich höherer Menge enthalten ist als in asiatischem, ist z.B. das Zingiberen (siehe Dissertation A. Riyazi, Univ. Münster, Pharmakologische Untersuchungen zum antiemetischen Wirkungsmechanismus des ätherischen Öls von Ingwer (Zingiber officinale Roscoe).)
So hat sich Ingwer auch bei phenylbutazonresistenten Pferden als wirksam erwiesen, was auf (mindestens) einen weiteren zusätzlichen Wirkmechanismus hinweist, für den dann andere Substanzen als die Gingerole verantwortlich sein müssen.
Grzanna u.a. beschreiben in J. Med. Food, 2005, 8(2), S. 125-132 einen solchen zusätzlichen Mechanismus: Ingwer unterdrückt einerseits die Synthese des entzündungsfördernden Prostaglandins durch Hemmung der Enzyme Cyclooxygenase-1 und Cyclooxygenase-2 (COX-1 und COX-2). Anders als

„chemische" nichtsteroidale Entzündungshemmer unterdrückt er aber zusätzlich auch die Bildung von entzündungsförderndem Leukotrien durch Hemmung der 5-Lipoxygenase!

Der gemahlene Ingwer aus dem Supermarkt ist teurer und älter als der der Spezialhändler und leider in Scharfstoffgehalt und Herkunft nicht spezifiziert; man findet zwar gute, häufig aber auch schlechte oder gar sehr schlechte Chargen darunter, die manchmal kaum oder gar nicht funktionieren. Zumeist handelt es sich dabei um die asiatischen Sorten mit geringem Scharfstoffgehalt.
Ingwerpulver aus dem Supermarkt ist aber auf jeden Fall ausreichend, um ein Pferd an den Geschmack zu gewöhnen, so daß man im Ernstfall später einmal keine Akzeptanzschwierigkeiten hat.
Bei altem, schlecht gelagertem Ingwer haben sich die Gingerole zum Teil in **Zingeron** umgewandelt. Ein hoher Zingerongehalt ist daher ein Kriterium für die schlechtere Qualität des Ingwers. Auch wenn alter Ingwer mit hohem Zingerongehalt für die Behandlung von Entzündungen wenig geeignet ist, so hat er wohl Vorzüge bei der Behandlung einiger Arten von **Durchfallerkrankungen**. Denn für die gute Wirkung gegen solchen Durchfall ist gerade der Gehalt an Zingeron entscheidend (J. Agric. Food Chem., 2007, 55, (21), S. 8390–8397).
Bei **frischem Ingwer** bezahlt man hauptsächlich das Wasser (ungefähr 85 %), und es handelt sich meistens um asiatische Sorten mit geringem Scharfstoffgehalt. Was die Wirksamkeit anbelangt, scheint aber der **frische Zustand** die geringere Schärfe wieder teilweise zu **kompensieren**.
Ingwerpulver aus der Apotheke ist erstens teurer und häufig auch merklich schlechter, denn die Gingerole wandeln sich bei Lagerung langsam in sogenannte (schärfere) **Shogaole** um, die weniger wirksam sind. Bevorzugt lagert man daher größere Mengen Ingwer über längere Zeit in geschlossenen Gefäßen kühl und dunkel und füllt sich in ein kleineres dicht schließendes Gefäß die Menge für maximal zwei Monate ab.
(Wenn in diesem Buch von „Ingwer" gesprochen wird, so ist im allgemeinen darunter die getrocknete Form gemeint.)
(Übrigens ist auch der Scharfstoff des **Chili** und Pfeffers, **Capsaicin**, schmerz- und entzündungshemmend, doch wirkt er im Gegensatz zu den Scharfstoffen des Ingwers in einer zur Schmerz- und Entzündungshemmung erforderlichen hohen Menge zerstörend auf die Schleimhäute!)

2.) Bei Pferden, die **zum ersten Mal** mit Ingwer behandelt werden, ist es notwendig, ihn **langsam anzufüttern.** Vor allem hoch im Blut stehende Tiere können hier erfahrungsgemäß heikel sein. Auch Pferde in Offenstallhaltung, die ständig freien Zugang zu Futter haben und daher immer satt sind, können größere Schwierigkeiten bereiten.
Man beginnt am besten mit einer Gesamtmenge von etwa einem Gramm in der Hauptmahlzeit. Am nächsten Tag kann man dann meistens auf 3 Gramm, dann 6 Gramm und dann dreigrammweise weiter steigern.

Bei **empfindlichen Pferden**, die auf Futterumstellungen mit gesundheitlichen Schwierigkeiten (z.B. Koliken) reagieren, sollte dies **langsamer** geschehen als bei normalen, bei denen für die Erhöhung der Menge auf die erforderliche Enddosis nur mehrere Tage angesetzt werden müssen.

Bei Pferden mit starker **Niereninsuffizienz** ist zu berücksichtigen, daß die Wirkstoffe des Ingwers dann wesentlich langsamer aus dem Körper ausgeschieden werden. Die Dosis ist in diesen Fällen zum Teil deutlich zu senken und die Erhöhung der Dosis von Tag zu Tag muß langsamer erfolgen!

Bevorzugt reicht man den Ingwer in eingeweichten (aber nicht triefenden, sondern „erdfeuchten") **Heucobs/Wiesencobs/Wiesenflakes** guter Qualität (rauhfaserreich). Der Ingwer wird dadurch für das Pferd wesentlich angenehmer: Geruch und Schärfe werden sehr deutlich gemildert. In eingeweichten Heucobs kann man Pferden die drei- bis vierfache Menge an Ingwer zuführen wie in gequetschtem Hafer. Man kann damit auch große Ingwermengen in einer Portion verfüttern. Eine Menge von **20 bis 30 Gramm Ingwer** läßt sich sehr bekömmlich für das Pferd in etwa **einem halben Kilo (Trockenmasse) Heu-/Wiesencobs** plus der zum Einweichen nötigen Menge Wasser unterbringen.

Verwendet man die käuflichen **geschredderten Heu-/Wiesencobs** bzw. **Wiesenflakes** (häufig für Seniorpferde angeboten), so verkürzt sich die Zeit des Quellens enorm. Im geschredderten Zustand läßt sich auch die notwendige Wassermenge genauer dosieren, damit die Masse nur „feucht", und nicht „saftig triefend" ist, weil viele Pferde das nicht mögen. Das mag daran liegen, daß der Geschmack des Ingwers dann nicht in der Faser verborgen, sondern teilweise auch in der freien Flüssigkeit enthalten ist und damit stärker geschmeckt wird.

Man kann, vor allem zu Beginn, wenn der Ingwer den Pferden noch fremd ist, zusätzlich gekochten **Leinsamenschleim**, **Mohrrüben** oder **Äpfel** beifügen. Das Reha-Team Aggertal macht seine hohen Dosen den Pferden auch mittels **Zitrusfrüchten** schmackhaft. Andere verwenden Bierhefe, um den Geruch zu überdecken, oder auch einige Tropfen Pfefferminzöl. Ich selbst habe sehr gute Erfahrungen mit untergemengter zerdrückter **Banane** gemacht (**pro 20 Gramm Ingwer** ungefähr **eine Banane**)!

Sehr einfach in der Anwendung ist auch die Verwendung von Fruchtzucker (Fructose). Fruchtzucker hat, anders als normaler Zucker oder Traubenzucker, die Eigenschaft, den Insulinspiegel nicht in die Höhe zu treiben! Bis zu Mengen von ungefähr 100 Gramm täglich ist die Gabe von Fruchtzucker beim Pferd als unkritisch anzusehen. Diese Menge ist z.B. auch schon in einem reichlichen Kilo süßer Äpfel enthalten. Mit ein bis zwei Gramm Fruchtzucker pro Gramm Ingwer kann man mäkeligen Pferden den Ingwer „versüßen". Auch bei Pferden, die keine eingeweichten Heu-/Wiesencobs mögen, ist es sinnvoll, diese den Pferden vorher mit Fruchtzucker schmackhaft zu machen, denn die Gabe von Ingwer in eingeweichten Heu-/Wiesencobs hat so viele Vorteile, daß man es nicht unversucht lassen sollte, sie ihnen schmackhaft zu machen! Wenn sie einmal Gefallen an ihnen gefunden haben, kann man meistens den Fruchtzucker wieder weglassen oder ausschleichen.

Eine besonders vorteilhafte Möglichkeit, sehr mäkligen Pferden die benötigte Ingwermenge zuzuführen, ist auch die Verwendung von Ingwer in einer **gröberen Form**, die ebenfalls weniger stark riecht und schmeckt. Die sehr grobe geschnittene Form (sieht aus wie getrocknete Pilze) wird allgemein gut angenommen, wird aber auch nur, je nach Zerkauungsgrad, weniger vollständig ausgewertet. Ein Teil davon kommt einfach „hinten" wieder heraus. Man muß dann unter Umständen mit der doppelten Menge rechnen wie bei gemahlenem Ingwer, oder sogar mit noch mehr. Eine bevorzugte Darbietungsform ist wohl ungefähr grießförmig, bzw. Feinschnitt. (Ich selbst verwende gerne den granulierten nigerianischen Ingwer der Firma Masterhorse.)

Wieder eine andere Möglichkeit zur Gewöhnung ist das vorübergehende Füttern von **frischem Ingwer**, der von vielen Pferden gemocht wird. Da dieser aber sehr viel Wasser enthält, muß mit einer wesentlich größeren benötigten Menge gegenüber getrockneter Ware gerechnet werden!

Besitzer von extremen „Gourmet"-Pferden haben das Ingwerpulver, angerührt mit einem Pflanzenöl (viele verwenden Sonnenblumenöl, ich selbst ziehe Distelöl vor), Apfelmus oder Fruchtsaft, ihren Pferden erfolgreich mit einer **großen Spritze direkt ins Maul** eingeflößt. (Öl könnte vorteilhaft sein, weil Fette allgemein Schärfe „binden".) Nach einiger Zeit gewöhnen sich die Pferde daran, und wenn sie gemerkt haben, daß der Ingwer ihnen gut tut, akzeptieren sie ihn dann meistens auch im Futter. Vielleicht ist dies also die Methode der Wahl, wenn man keine Zeit hat, Pferde durch langsames, geduldiges Anfüttern an den Ingwer zu gewöhnen.

Auch hier muß man aber die Dosis langsam steigern und darf nicht gleich am ersten Tag die Enddosis verabreichen.

Weitere Methoden einfallsreicher Pferdehalter bzw. meist Pferdehalterinnen, sind im Kapitel **„Häufig gestellte Fragen"** zu finden.

Es ist vermutlich hauptsächlich der **Geruch** und weniger die Schärfe, der die Pferde anfangs **irritiert**. (Daher ist für sehr mäkelige Pferde wenigstens anfangs ein Ingwer mit geringerem Gehalt der geruchsverursachenden ätherischen Öle vorteilhaft.) Pferde scheinen allgemein wenig Geschmackssinn für Schärfe zu besitzen. (Dies ist z.B. auch daran erkennbar, daß sie Meerrettich und Knoblauch fressen.) Spätestens, wenn sie merken, daß der Ingwer ihnen hilft, sind einige Pferde sogar regelrecht „scharf" darauf, und manche fressen den Ingwer unglaublicherweise sogar pur!

Bei **späteren Behandlungen**, wenn das Pferd den Ingwer bereits kennt, kann die Dosis **sehr schnell** hochgefahren werden. Man kann dann meist sofort mit der Standarddosis von 3 bis 4 Gramm pro 100 Kilo Körpergewicht beginnen und diese dann bei Bedarf (z.B. Weichteilentzündungen) zügig weiter erhöhen.

Und bei Pferden, die schon dauerhaft eine „Gelenkdosis" von 3 bis 4 Gramm pro 100 Kilo Körpergewicht erhalten, kann man im Falle einer Weichteilentzündung meistens gleich auf die erforderliche Dosis von 10 bis 15 Gramm pro 100 Kilo Körpergewicht erhöhen.

Schon von daher ist es sinnvoll, **Pferde frühzeitig an den Geschmack von Ingwer zu gewöhnen**, auch wenn sie ihn noch gar nicht benötigen. Im Notfall hat man dann keine Akzeptanzprobleme und kann schnell auf die erforderliche Dosis erhöhen.

Aus dem gleichen Grund ist es auch sinnvoll, Pferde schon einmal an **eingeweichte Heu-/Wiesencobs zu gewöhnen**, da einige wenige Pferde diese anfangs nicht mögen. Sie erleichtern aber die Verabreichung des Ingwers dermaßen, daß sich dieser Aufwand lohnt. Wenn die Pferde die Heucobs zu schätzen gelernt haben, kann man sie wieder bis zu einem Krankheitsfall, der eine Ingwerfütterung notwendig macht, absetzen.

In Luzernecobs wird Ingwer auch sehr gerne gefressen, von einigen Pferden besser als in Heu-/Wiesencobs. Es ist aber darauf zu achten, daß die Menge nicht zu groß ist, da Luzerne sehr kalziumreich ist! Ein zu hohes Verhältnis von Kalzium zu Phosphor im Futter kann, gerade bei Pferden mit Arthrose, die Ablagerungen (Exostosen) verstärken! Aus dem gleichen Grund ist von der Zufütterung von Kalziumpräparaten zu warnen, wenn kein Kalziummangel vorliegt! Ein solcher muß zuvor belegt sein, sonst schadet Kalzium und führt zu Ablagerungen in den Gelenken und an Sehnen! Im Falle von knochenabbauendem Spat ist Luzerne hingegen vorteilhaft.

Auch bei Pferden mit schwachen Knochen ist Luzerne bis zu 1 Kilo am Tag nicht bedenklich. Pferde mit Knochenzubildungen durch Arthrose sollten hingegen deutlich darunter bleiben!

Frische Knochenzubildungen im Gelenkspalt und an Weichteilen scheint Ingwer mit der Zeit wieder abzubauen, ähnlich wie Hekla Lava. Auf alte Exostosen hat er hingegen keinen Einfluß mehr.

3.) Für **reine Gelenkerkrankungen** beträgt die tägliche Dosis, ab der eine starke schmerz- und entzündungshemmende Wirkung zu beobachten ist, bei den allermeisten Pferden **etwa 3 Gramm (getrocknet) pro 100 Kilo Körpergewicht** bei Verwendung von afrikanischem Ingwer bzw. bei einer Ingwerqualität mit etwa 2 % Scharfstoff- gehalt oder mehr.

Wie beim Menschen auch, kann die **Dosis** jedoch auch **individuell** verschieden sein, also geringer oder höher. 15 Gramm täglich für ein 500-Kilopferd sind jedoch ein sehr guter Richtwert. (Viele Warmblüter wiegen heute aber deutlich mehr als 500 Kilo!) Wenn man die für das betreffende Pferd geschätzte Dosis erreicht hat, kann man erst einmal zwei Tage mit einer weiteren Steigerung abwarten, denn eine Charakteristik in der Behandlung mit Ingwer ist, daß er erst **etwa eineinhalb bis zwei Tage nach Erreichen der für das Pferd und die Erkrankungsart notwendigen Menge** deutlich, geradezu schlagartig, **Wirkung** zu zeigen beginnt, wobei sich diese dann meistens noch in den folgenden Tagen etwas steigert **. (Der Grund für diese verzögerte Wirkung ist nach neueren Beobachtungen der, daß **Ingwer hauptsächlich Entzündungshemmer** ist. Eine beobachtbare Schmerzhemmung ist erst dann stark feststellbar, wenn die Ursache des Schmerzes, nämlich die Entzündung, deutlich heruntergedrückt wurde.)

Tritt bei der für das betreffende Pferd geschätzten Menge **noch keine erkennbare Wirkung** ein, so wird **weiter erhöht** (günstig sind für ein Pferd mit ungefähr 500 Kilo Körpergewicht 3-Gramm-Schritte, bei höheren nötigen Dosierungen 5-Gramm-Schritte oder sogar mehr).

Die Beobachtung hat gezeigt, daß die Dosis von ungefähr **3 Gramm pro 100 Kilo Körpergewicht** meistens dann deutlich (ungefähr um den Faktor 3 bis 4) **überschritten** werden muß, wenn außer den Gelenken in stärkerem Maße „**Weichteile**" wie **Sehnen, Bänder und Muskeln** betroffen sind.

Sollte also die benötigte Menge für eine deutliche Lahmheitsminderung wesentlich höher liegen als 3 Gramm pro 100 Kilo Körpergewicht, so ist das ein Hinweis darauf, daß die Diagnose „Gelenkentzündung" nicht vollständig ist. Ingwer könnte daher unter Umständen vom Tierarzt sogar als **Diagnosehilfe** eingesetzt werden, um zwischen den beiden Fällen zu unterscheiden.

Die **maximalen mir bekannten Gesamtmengen Ingwer**, die Pferde pro Tag bisher **langfristig** benötigt haben, betrugen **160 Gramm** (ungefähr 30 Gramm pro 100 Kilo Körpergewicht!) über 8 bis 9 Monate (durchgeführt am ReHa-Team Aggertal)! Bei einem an Borreliose erkrankten Pony, welches gleichzeitig unter Hufrehe und metabolischem Syndrom litt, waren durch eine private Pferdehalterin Mengen von mehr als 60 Gramm pro 100 Kilo Körpergewicht nötig, um die Lahmheit deutlich zu verbessern (kurzfristig wurden sogar bis zu 120 Gramm pro 100 Kilo Körpergewicht verabreicht, allerdings, verständlicherweise, mit gewaltigen Akzeptanzproblemen!). Hier fehlt aber die Langzeiterfahrung! Ich selbst habe meinem alten Warmblutwallach Waran wegen Muskelfaserrissen (erst vorne links, dann hinten rechts) schon über zwei Monate hinweg 40 Gramm pro 100 Kilo Körpergewicht gefüttert (in gröberer Körnung), das war bei ihm eine tägliche Gesamtmenge von etwa 200 Gramm.

Bei jedem Pferd, bei dem die herkömmlichen nichtsteroidalen Entzündungshemmer wirken, muß auch der Ingwer wirken, da der Wirkungsmechanismus in Teilen identisch ist. Darüber hinaus hat er sich aber auch bei Pferden als wirksam erwiesen, die auf Phenylbutazon nicht mehr ansprachen, was zeigt, daß der aus vielen Komponenten bestehende Ingwer auch noch über **andere Wirkungsmechanismen** verfügen muß.

(Was die von der Entzündungshemmung **unabhängige Schmerzhemmung** betrifft, ist **Phenylbutazon** allerdings stärker als Ingwer. Dafür übertrifft das entzündungshemmende Potential des Ingwers dasjenige des Phenylbutazons, da er als Lebensmittel fast beliebig hoch dosiert werden kann (bis zur Akzeptanzgrenze).)

Hat man einmal die notwendige tägliche Mindestdosis für das betreffende Pferd ermittelt, so ist es sinnvoll, diese noch als **Sicherheitsspielraum** um etwa 20 % zu **überschreiten**, um Dosierungsungenauigkeiten und Befindlichkeitsschwankungen von Tag zu Tag auszugleichen.

Es ist bei Gesamtmengen bis etwa 100 Gramm am Tag und bei Darbietung in eingeweichten Heu-/Wiesencobs nicht notwendig, die Dosis auf zwei Mahlzeiten am Tag zu verteilen (außer bei Akzeptanzproblemen). Bei **höheren Dosierungen** ist eine **Aufteilung auf mehrere Portionen** vorteilhaft. (20 Gramm Ingwer, oft auch mehr,

lassen sich nach der Eingewöhnung z.B. sehr bekömmlich in ungefähr 500 Gramm (Trockenmasse) eingeweichter Heu-/Wiesencobs unterbringen. In gröberer Form läßt sich noch deutlich mehr Ingwer in den Heu-/Wiesencobs „verstecken".)
Indem man den **Ingwer zusammen mit den Heu-/Wiesencobs einweichen** läßt, wird er übrigens **noch besser** akzeptiert.
Kühle Witterung unterstützt die Behandlung von Entzündungen mit Ingwer: bei heißem Wetter ist üblicherweise eine höhere Dosierung nötig, als bei „Novemberwetter".
Das **warme Einpacken der Gelenke** von Arthrosepferden im Winter ist meines Erachtens bei Ingwerfütterung nicht nötig, vielleicht sogar, wie dauerhaftes Einbinden überhaupt, eher schlecht. Sicherlich ist das aber individuell von Tier zu Tier unterschiedlich.

** Anstatt bei der zunächst einmal geschätzten Dosierung ungefähr 2 Tage bis zu einer weiteren Erhöhung der Ingwermenge zu pausieren, kann man aufgrund der sich nun über viele Jahre erwiesenen Unbedenklichkeit des Ingwers auch ohne Bedenken die Menge so lange weiter steigern, bis eine deutliche Wirkung eintritt. Dann hat man zwar die für das Pferd und die Erkrankung notwendige Menge bereits etwas überschritten, das macht aber nichts. Man hat dafür das Pferd schneller schmerzfrei, und absenken kann man die Ingwermenge später immer noch! Insofern ist dies daher in vielen Fällen sogar die bevorzugte Methode des Vorgehens und ist bei mir zum Standardverfahren geworden. Bei Risikopferden, z.B. Kolikern, ist aber vorsichtiger zu verfahren!

4.) Im ersten Monat der Anwendung kann (muß aber nicht) wie bei allen schmerz- und entzündungshemmenden Mitteln eine gewisse **Gewöhnung** stattfinden, die es erforderlich macht, die Dosis noch einmal um etwa 20 % zu erhöhen. In der Folgezeit bleibt diese Dosis dann aber nach bisheriger Erfahrung konstant (auch über Jahre hinweg).
Da Ingwer sich auch bei sehr langfristiger Fütterung (über 10 Jahre hinweg) als unbedenklich erwiesen hat, bin ich seit einiger Zeit sogar dazu übergegangen, die erforderliche Schwellenmenge um ungefähr 50% zu überschreiten, obwohl es von der Wirkung her eigentlich gar nicht notwendig wäre. Man hat dadurch aber einen eventuellen Zusatznutzen, falls unerkannt eine nicht diagnostizierte Weichteil-entzündung vorhanden sein sollte, oder ein Tumor, dessen Wachstum dadurch schon einmal zumindest ein wenig verlangsamt würde.

5.) Wie bereits erwähnt, ist der **scharfe Übergang** von nicht beobachtbarer Wirkung zu deutlicher Wirkung bei einer nur geringfügigen Steigerung der Ingwermenge bemerkenswert. (Dies beobachtet man vor allem bei den reinen Gelenkerkrankungen, bei Weichteilentzündungen ist der Übergang weniger scharf). Dieser findet in einem recht engen Bereich von nur ungefähr 20 % der insgesamt notwendigen Dosis statt. Es kann also sein, daß bei 12 Gramm am Tag noch keine Wirkung erkennbar ist und bei

15 Gramm das Pferd plötzlich vor Freude ausschlägt und über die Weide davontrabt, wie es z.B. bei Renaissance Fleur der Fall war.

Kurz unterhalb der Schwellenmenge, ab der die schmerz- und entzündungs-hemmende Wirkung plötzlich einsetzt, kann es manchmal noch zu einer **Schmerzverstärkung** kommen. Dieser Bereich sollte daher schnell durchquert werden! (Um dem Pferd unnötige Leiden zu ersparen ist es daher sinnvoll, nicht zu lange herumzuprobieren, ob 3 Gramm pro 100 Kilo Körpergewicht nun für eine Behandlung ausreichend sind oder nicht, sondern die Dosis zügig so lange weiter zu erhöhen, bis eine deutliche Besserung im Befinden erkennbar ist. Später kann man dann immer noch versuchen, diese Dosis wieder etwas zu reduzieren.)

Dieser Fall ist in der folgenden Figur schematisch dargestellt, die das relative Empfinden eines Gelenkschmerzes bei einer bestimmten Ingwerdosis wiedergibt:

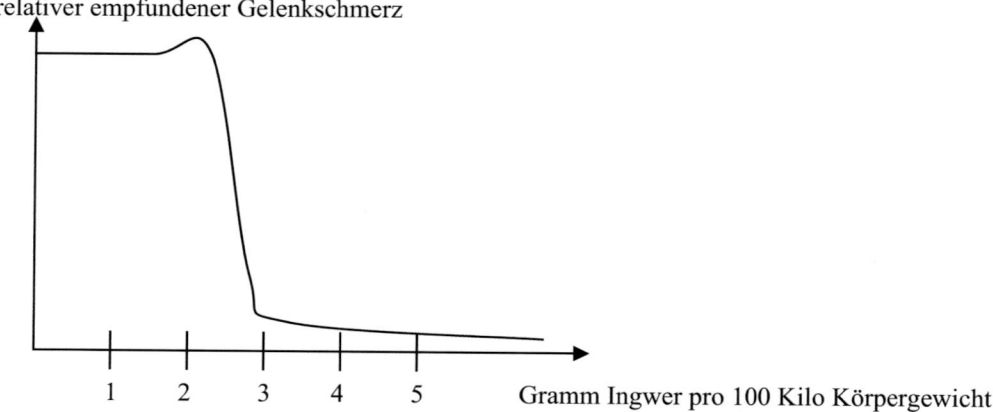

relativer empfundener Gelenkschmerz

Gramm Ingwer pro 100 Kilo Körpergewicht

Der Grund für diesen scharfen Übergang ist sicherlich, daß Ingwer hunderte von Wirkstoffen enthält, die sich gegenseitig beeinflussen, wohingegen herkömmliche Arzneimittel meistens reine Substanzen sind oder nur sehr wenige andere Stoffe enthalten.

Die entzündungshemmenden Eigenschaften der Gingerole (und anderer Inhaltsstoffe) scheinen demnach bei niedrigen Ingwermengen zunächst noch von anderen Inhaltsstoffen als Gegenspieler (Antagonisten) heruntergeregelt zu werden und sich dann aufgrund eines **nichtlinearen Verhaltens** beim Anstieg der Konzentrationen im Körper erst ab einer bestimmten Konzentration fast schlagartig zu entfalten.

Die Verwendung einander entgegenwirkender Mittel zur Erzeugung solcher **steiler Kennlinien** (nichtlinearer Zusammenhang zwischen Ursache (hier Dosis) und Wirkung (hier Schmerzempfinden)) ist für viele Bereiche von Technik und Naturwissenschaft (z.B. Transistor) wohlbekannt. Die heutige Medizin ist bei der Behandlung ihrer wesentlich komplexeren Systeme aber noch lange nicht so weit.

Daher wurden wohl auch die in diesem Buch beschriebenen Wirkungen des Ingwers bislang schlicht übersehen, weil die hierfür notwendigen hohen Dosierungen einfach nie getestet wurden: Die starken beobachteten Wirkungen lassen sich nämlich aus dem Wirkungsverhalten bei niedrigen Mengen durch lineare Extrapolation nicht erschließen.

Da es sich bei der **Paarung Agonisten/Antagonisten** um ein in der Natur **häufig vorkommendes Prinzip** handelt, ist übrigens auch für andere Naturstoffe ab bestimmten noch zu bestimmenden Mengen mit vorher verkannten oder unerkannten Wirkungen aufgrund solchen nichtlinearen Verhaltens zu rechnen!

Meerrettich ist anscheinend ebenfalls ein solcher Naturstoff mit außergewöhnlichen Wirkungen (in diesem Falle stark antibiotischen)! Genauere Hinweise zur Anwendung finden Sie im **Teil B** dieses Buches.

Auch die Kombination von Inhaltsstoffen im nicht ganz unkritischen Genußstoff **Süßholz** zeigt beachtliche Wirkungen beim Pferd, und diese sind daher im **Teil C** dieses Buches festgehalten.

6.) Den Ingwer gibt man in der erforderlichen Menge solange, bis die Entzündung ausgeheilt ist (für Hufgelenksentzündungen können das, je nach Schwere des Falles, mehrere Wochen oder viele Monate sein!) und senkt dann die tägliche Menge wieder kontinuierlich ab. Es versteht sich von selbst, daß bis zur Ausheilung die Schmerzlosigkeit nicht zur üblichen Arbeit des Pferdes ausgenutzt werden darf, da sich sonst die Ursache der niedergehaltenen Entzündung verschlimmern kann!
Bei der Behandlung von **Weichteilentzündungen** (Bänder, Sehnen), die manchmal (unerkannt) parallel zu den Gelenkerkrankungen auftreten und sich durch die relativ hohen notwendigen Gaben von Ingwer bemerkbar machen (**ungefähr 10 bis 12 Gramm pro 100 Kilo Körpergewicht**, bei manchen Pferden mehr, bei manchen weniger), ist es sinnvoll, diese hohe Dosis erst einmal 4 Wochen beizubehalten und dann den Versuch zu unternehmen, auf die „Gelenkdosis" von ungefähr 3 bis 4 Gramm pro 100 Kilo Körpergewicht abzusenken (am besten bei einem Übergang zu kühlerer Witterung). Diese Dosis sollte man dann mehrere Monate bis zur Ausheilung beibehalten und dann noch einige weitere Monate eine „Wohlfühldosis" von 1,5 bis 2 Gramm pro 100 Kilo Körpergewicht zur Heilungsförderung weiterfüttern.
Der **Zeitpunkt für eine Absenkung** der Ingwermenge ist meistens dann gekommen, wenn das erkrankte Körperteil nicht mehr wärmer ist als das gesunde Vergleichs-körperteil am selben Pferd.
Der weniger erfahrene Pferdehalter sollte sich hier sicherheitshalber auf das Urteil eines erfahrenen Tierarztes verlassen!
Meine eigenen Erfahrungen zeigen, daß es sinnvoll ist, Pferden, die eine starke Entzündung hatten, auch nach deren Ausheilung dauerhaft Ingwer mindestens in der „Wohlfühldosis" von 1,5 bis 2 Gramm pro 100 Kilo Körpergewicht weiterzugeben, da solche ehemaligen Entzündungsstellen nicht selten Schwachstellen bleiben, an denen Entzündungen leichter wieder aufflammen. Da die Erfahrungen der letzten 11 Jahre gezeigt haben, daß auch die „Gelenkdosis" von 3 bis 4 Gramm pro 100 Kilo

Körpergewicht langfristig nebenwirkungsfrei vertragen wird, ist es sogar sinnvoll, diese „Gelenkdosis" dauerhaft zu verfüttern, da dadurch aufkeimende Entzündungen schon im Keim erstickt werden. Dies erfordert dann aber eine große Erfahrung darin, was Pferden an Arbeit zugemutet werden darf, ohne sie zu überlasten!

Es gibt auch noch einen weiteren Vorteil, wenn man nach Ausheilung einer Entzündung mindestens die „Wohlfühldosis" an Ingwer weitergibt: Ingwer wirkt nämlich **heilungsbeschleunigend** und bewirkt auch einen weiteren teilweisen **Rückgang von Bindegewebszubildungen** („Knubbeln"), die über den zuvor erkrankten Stellen zurückgeblieben sind. Dieser Effekt beginnt sich meistens etwa 6 bis 8 Wochen nach Ausheilung der Entzündung bemerkbar zu machen.

Als Beispiel sei hier mein zum Zeitpunkt der Verletzung 22-jähriger englischer Vollblüter aufgeführt, der (leider) am 28.7.2009 mit den Hinterbeinen nach einer feststehenden Holzbank für Fußgänger ausgeschlagen und dadurch am rechten Hinterbein Verletzungen erhalten hatte. Die Bilder beschreiben den Verlauf der Heilung und demonstrieren gleichzeitig auch die Anwendung von Meerrettich und Klebeverbänden:

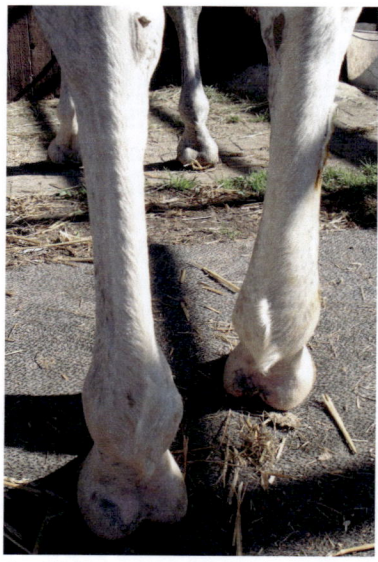

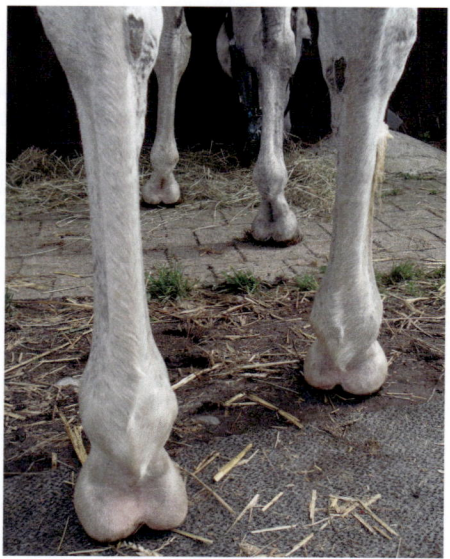

Am 29.7. war das rechte Hinterbein aufgrund der Hautverletzung (bereits am Vortag mit einem Klebeverband gemäß Kapitel H überklebt) durch einen leichten bis mittleren Einschuß angeschwollen.
Das Pferd erhielt ab diesem Tag 25 Gramm Meerrettich pro 100 Kilo Körpergewicht und 5 Gramm Ingwer pro 100 Kilo Körpergewicht.

Am 3.8. war der Einschuß durch den antibiotisch wirkenden Meerrettich völlig beseitigt. Der Großteil der Schwellung war sogar bereits am 30.7. verschwunden gewesen. Es blieben aber an der Anschlagstelle sich auf feste verschiebliche Bereiche zusammenziehende Knubbel zurück. Am Bein erkennt man auch noch den selben Klebeverband, der sich über die ganze Zeit nicht gelöst hatte.

Der Schimmel erhält bereits seit dem Jahr 2003 Ingwer in einer Dosierung von etwa 4 Gramm (seit 2010 etwa 5 Gramm) pro 100 Kilo Körpergewicht, um die Vergrößerung von Melanomen an der Schweifrübe zu verhindern. Die Erfahrung zeigt, daß ohne Ingwer der Einschuß deutlich größer gewesen wäre, da auch schon Ingwer alleine aufgrund seiner entzündungshemmenden und leicht diuretischen Eigenschaften Schwellungen verringert.

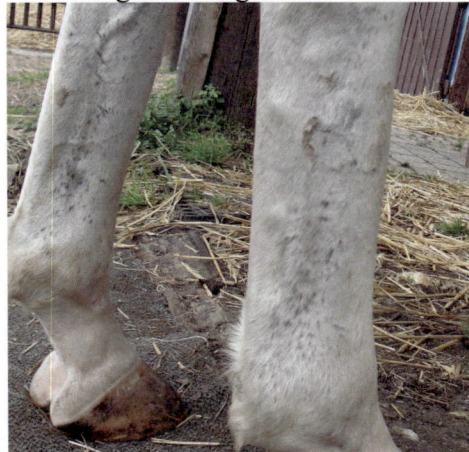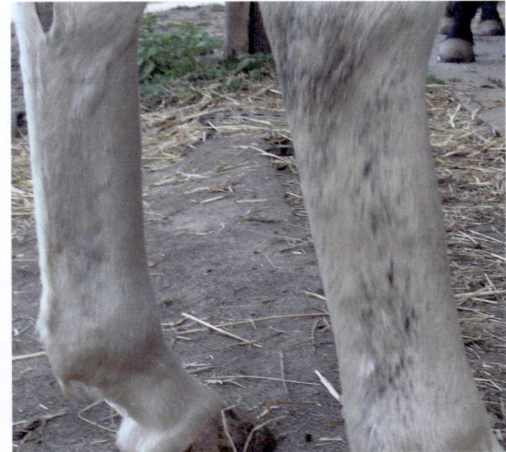

Am 21.8. waren die hier abgebildeten festen Knubbel verblieben. Die Ingwerdosis war bereits seit 2 Wochen wieder auf 4 Gramm pro 100 Kilo Körpergewicht zurückgefahren worden, eine Menge, die der Schimmel bereits seit 6 Jahren als Dauerdosis gegen seine Melanome bekommt.	Am 28.11. sind die Knubbel am Bein schon sehr deutlich verkleinert. Der Beginn eines deutlichen Rückganges war ungefähr ab Anfang Oktober feststellbar. (Das Bein ist wegen des Winterfells genäßt, um die Restknubbel besser sichtbar zu machen)

Anfang 2010 waren die „Knubbel" bei meinem Vollblüter nach Augenschein ganz verschwunden und nur noch für den ertastbar, der wußte, wo er suchen mußte.
So, wie es eineinhalb bis zwei Tage dauert, bis sich die therapeutisch wirksamen Mengen an Wirkstoffen im Körper angereichert haben, so dauert es auch eine vergleichbare Zeit, bis sie wieder ausgeschieden sind! Das hat für den Pferdehalter den großen Vorteil, daß mit einer **einmaligen täglichen Gabe** eine ziemlich konstante Wirkung im Körper erzielt werden kann. **Für eine ziemlich vollständige Entfernung der Wirkstoffe des Ingwers aus dem Körper sollte man 5 bis 7 Tage ansetzen.** (In der Dopingliste werden fälschlicherweise nur 2 Tage genannt!)

7.) Für **alte Pferde** scheint bis zum Lebensende eine dauerhafte Gabe („**Wohlfühldosis**") von etwa der Hälfte der oben angegebenen Schwellenmenge (also 1,5 bis 2 Gramm pro 100 Kilo Körpergewicht) gesundheitlich von Vorteil zu sein. (Für Pferdehalter, die sich schon sehr gut mit Pferden auskennen und ihre altersabhängige (!) Belastbarkeit gut einschätzen können, ist sogar eine „Wohlfühldosis" von 3 bis 4 Gramm pro 100

Kilo Körpergewicht empfehlenswert, weil sie einige zusätzliche Vorteile gegenüber der geringeren Dosis aufweist! Zur Zeit teste ich noch höhere Dauerdosen auf eventuelle Vorteile aus!)

Ich würde dazu schon **ab einem Alter von etwa 12 bis 15 Jahren** raten, auch wenn noch keine Beschwerden wahrnehmbar sind. Das Blut wird davon etwas (aber nicht viel) dünner, Heilungen finden auch in den schlechter durchbluteten Extremitäten schneller statt (siehe vorherige Bilder). Thrombosen verschwinden langsam oder werden schwächer, Beine laufen weniger stark an, der Kreislauf wird entlastet, der Fellwechsel scheint schneller abzulaufen. Die Pferde werden wieder „jünger".

Eine Reihe von Blutuntersuchungen der letzten Jahre an meinem englischen Vollblüter im Alter von 22 bis 25 Jahren und an einem Trakehner im Alter von 18 bis 19 Jahren deuten sehr stark darauf hin, daß der Gehalt des „Streßhormons" Cortisol im Blut durch Ingwer deutlich gesenkt wird! Er lag unter dem Durchschnittswert von Pferden mittleren Alters und glich dem eines jungen Pferdes! Diese Beobachtung (bislang zwar nur an 2 Pferden, da Cortisolwerte nicht zum Standardblutbild gehören, aber dafür mit signifikanter Absenkung auf Werte von etwa 2 µg/dl! (Normalbereich 2,9 bis 9,1 µg/dl)) gäbe eine gute Erklärung dafür ab, daß Ingwer Pferden mit **Cushing-Syndrom** hilft, denn bei Equinem Cushing-Syndrom ist die Cortisol-Produktion erhöht! Des öfteren findet man dies eben bei älteren Pferden. Ingwer senkt diese übermäßige Cortisolproduktion offenbar deutlich herab oder beschleunigt dessen Abbau, bei Pferden ohne Cushing-Syndrom sogar unter die Normalwerte für Pferde mittleren/höheren Alters. Dies schadet aber in keiner Weise! Es sind einfach wieder Werte wie bei einem jungen Pferd! Die entzündungshemmende Wirkung des Cortisols wird offenbar nun teilweise von den pflanzlichen entzündungshemmenden Stoffen des Ingwers übernommen, was den Körper dazu veranlaßt, weniger Cortisol herstellen zu müssen. Die bisherigen Berichte, die ich zur Wirkung von Ingwer auf Equines Cushing erhalten habe, legen als Richtwert zur Behandlung eine Dosis von etwa 3 bis 4 Gramm pro 100 Kilo Körpergewicht nahe, in schweren Fällen mehr.

Die Erniedrigung des Cortisolspiegels im Blut könnte auch eine Erklärung dafür liefern, daß auch alte „Ingwer-Pferde" leichter ihr Winterfell wechseln.

Um wieviel die **Lebenserwartung** von Pferden durch Ingwer steigt, läßt sich noch nicht genau sagen und ist natürlich von der Belastung abhängig. Ich schätze die Zunahme bei Gnadenbrotpferden auf durchschnittlich **mindestens 1 bis 2 Jahre!** (Durch zusätzliche intervallmäßige Gabe von **Meerrettich** läßt sie sich noch weiter deutlich steigern! Siehe Teil B dieses Buches!)

Dies hängt mit den auch schon beim Menschen beobachteten Wirkungen des Ingwers aufgrund der Gesamtheit seiner Inhaltsstoffe zusammen:

Hemmung der Plättchenaggregation im Blut, vasodilatorische Wirkung, Steigerung des Stoffwechsels, verdauungsfördernd, vermutlich (nach eigenen Untersuchungen zumindest bei einigen Krebsarten sicher!) auch antikarzinogen.

8.) Von einer dauerhaften Verfütterung von käuflichen **Ingwerextrakten** möchte ich dringend abraten! Die reinen Gingerole reizen, wie alle nichtsteroidalen Schmerz- und Entzündungshemmer, den Verdauungstrakt. Es sind die vielen weiteren Inhaltsstoffe des Ingwers, die für die ausgesprochene **Magenfreundlichkeit** der Gesamtpflanze verantwortlich sind. So liegt beispielsweise der bisherige „Rekord" für die Fütterung des scharfen getrockneten Ingwers bei einem Pony mit Borreliose, Hufrehe und metabolischem Syndrom bei 65 Gramm pro 100 Kilo Körpergewicht über mindestens einen Monat hinweg (kurzfristig sogar 120 Gramm pro 100 Kilo Körpergewicht), und dies auch noch zusammen mit 50 Gramm Meerrettich pro 100 Kilo Körpergewicht! Dies sind aber Mengen, die ich nicht als Standard weiterempfehlen möchte; es sind Mengen, die man nur in absoluten Notfällen und begleitend durch einen Tierarzt austesten sollte!
(Ich selbst habe schon 40 Gramm pro 100 Kilo Körpergewicht über 2 Monate hinweg verfüttert, mit kurzzeitigen Spitzen bis zu 65 Gramm pro 100 Kilo Körpergewicht. Sehr große Ingwermengen sollten immer in gröberer Form (Feinschnitt o. ä.), in größeren Mengen Heu-/Wiesencobs und auf mehrere Mahlzeiten pro Tag verteilt verfüttert werden!)

9.) Alle Einflüsse, die sich negativ auf Entzündungen im Körper auswirken können, sollten tunlichst unterbleiben. Dazu gehört, außer Über- und Fehlbelastung, auch für Pferde **ungeeignetes Futter**. Auch Menschen mit Gelenkerkrankungen erhalten schließlich „Schonkost" und kein normales Essen.
Als Futter, bei dem zumindest die Gefahr einer Verstärkung von Entzündungen besteht, ist alles zu betrachten, woran Pferde aufgrund ihrer Entwicklungsgeschichte nicht angepaßt sind. Besonders **Brot** wirkt nach meinen Beobachtungen verstärkend auf bereits vorhandene Entzündungen! Der Grund mag in den durch das Erhitzen entstandenen Aromastoffen liegen. Es könnten aber auch hauptsächlich die **leicht verwertbaren Kohlenhydrate** verantwortlich sein, was bedeuten würde, daß auch fruktanreiche Gräser und Zucker hier schädlich sein könnten. Dadurch erhöhte Insulinspiegel werden auch beim Menschen in Verbindung zu Entzündungen im Körper gebracht (z.B. sogar im Gehirn: Fishel, Archives of Neurology, Bd. 62, S. 1, 2005). Obwohl bei völlig gesunden Pferden kein offensichtlicher Einfluß auf die Gelenke zu Tage tritt, sollte Brot meines Erachtens daher besser völlig aus dem Ernährungsplan von Pferden gestrichen werden. Alte Pferdeleute haben übrigens schon immer vor Brot als Pferdefutter gewarnt.

10.) Langfristige Fütterung von Ingwer in einer Dosis von bereits 1,5 bis 2 Gramm pro 100 Kilo Körpergewicht und Tag (Warmblüter) führt bei vielen Pferden zu einer **Beseitigung** oder sehr **deutlichen Verminderung im Wurmbefall!**
Bei Hunden und Schafen gibt es auch bereits klinische Studien dazu (Iqbal u. a., J. Ethnopharmacol., 2006, 106, S. 285 ff).

Auch beim Menschen ist bekannt, daß **Gewürze Parasitenbefall niederhalten** können. Darüber hinaus wird Ingwer in tropischen Ländern traditionell bei Bilharziose eingesetzt, ebenfalls einer Wurmerkrankung.

Nach 3 Wochen, bei starkem Befall nach spätestens 6 Wochen, sind die Tiere „**wurmfrei**", wenn die Koppeln nicht zu stark verwurmt sind. Es sind mir aber auch zunehmend Fälle bekannt geworden, bei denen der Ingwer die Würmer nicht beseitigen konnte (solche Fälle gibt es auch bei konventionellen Wurmkuren), daher sollte der Erfolg nach diesem Zeitraum durch eine Kotprobe kontrolliert werden. Die Wirkung zeigt sich aber meistens auch schon durch Gewichtszunahme und glänzendes Fell. Von der wurmaustreibenden Wirkung des Ingwers ausgenommen scheinen hingegen Bandwürmer zu sein! Diese muß man gezielt mit einem spezifischen Wirkstoff (z.B. Praziquantel) beseitigen, falls ein Verdacht darauf besteht!

Auch afrikanischer Ingwer mit einem Scharfstoffgehalt von ungefähr 1,5% und weniger als 2% ätherischen Ölen hat diese entwurmende Wirkung. Ich vermute, daß eine Vielzahl Substanzen für die wurmaustreibende Wirkung verantwortlich ist, und nicht nur Scharfstoffe und/oder ätherische Öle.

Bisher waren alle mir direkt bekannten, mit Ingwer behandelten Pferde nach spätestens 6 Wochen wurmfrei. Alle diese Tiere wurden aber rein oder annähernd natürlich ernährt. Die mir bekannten Fälle, bei denen der Ingwer nicht ausgereicht hatte, erhielten alle angereicherte Fertig- und Mineralfutter. Ich hege daher den Verdacht, daß bei genetisch besonders prädestinierten Tieren einige der Zusätze in diesen Futtermitteln die Entwicklung der Würmer so stark fördern, daß der sanft entwurmend wirkende Ingwer nicht mehr gegen ihre Zunahme ankommt. Welche dieser Zusätze dafür verantwortlich sein könnten, weiß ich nicht. Ein Kandidat könnte Vitamin A sein, das allgemein fruchtbarkeitsfördernd wirkt, vermutlich auch bei Parasiten. Die Konzentrationen an Futterzusatzstoffen im Darm, die durch Zuführung von angereicherten Futtermitteln dort vorherrschen, sind ja deutlich gegenüber den Konzentrationen erhöht, wie sie im Darm von natürlich ernährten Tieren auftreten.

Falls alleinige Entwurmung mit Ingwer noch nicht erfolgreich sein sollte, kann zusätzlich auch noch frisch geriebener **Meerrettich** gegeben werden (mindestens eine Woche lang 20 bis 25 Gramm pro 100 Kilo Körpergewicht, siehe **Teil B des Buches**). Auch für diesen ist eine anthelminthische Wirkung bekannt. **Meerrettich** wirkt **antibiotisch** und tötet Keime, was diese Wirkung begründen könnte, denn es ist bekannt, daß man mit **Antibiotika** auch **Wurmerkrankungen** beim Menschen bekämpfen kann (z.B. Elephantiasis), da Würmer auf bestimmte Bakterien in ihrem eigenen Darmtrakt angewiesen sind und sterben, wenn diese Bakterien abgetötet werden.

Eine Woche lang Meerrettich zusätzlich zum Ingwer reicht aber meiner Erfahrung nach bei Bandwürmern auch nicht zu deren Entfernung aus. Diese müssen daher, wie bereits beschrieben, mit einem spezifischen Präparat (z.B. Praziquantel) beseitigt werden.

In den letzten Jahren wurden die empfohlenen Zeitintervalle zwischen Wurmkuren ständig verkürzt, weil die Würmer immer resistenter wurden (oder, was ich selbst als Hauptgrund ansehe, die Pferde durch die moderne Fütterung weniger resistent wurden). Pferdehaltern, die Probleme mit der Entwurmung ihrer Tiere haben, möchte ich daher die Fütterung von Ingwer anraten, eventuell zusammen mit zwei Wurmkuren jährlich. Noch besser ist sicher das Prinzip der „selektiven Entwurmung", das bereits in einigen Staaten (z.B. Niederlande, Dänemark) konsequenter angewendet wird, um Resistenzbildung bei Würmern zu vermindern. Hierbei wird ungefähr vier Mal im Jahr eine Kotprobe in einem Speziallabor auf eine Vielzahl von Würmern untersucht und dann nur spezifisch gegen die Würmer vorgegangen, deren Eizahl einen gewissen Grenzwert überschreitet. Diese Art der Überwachung praktiziere ich jetzt auch bei meinem Vollblüter und auch die anderen Pferde unseres kleinen Stalles haben sich angeschlossen. Die bisherigen Untersuchungen am Parasitologischen Institut der Universität München zeigten, daß der Ingwer alle untersuchten 18 Wurmarten vollständig beseitigt hatte, bis auf Bandwürmer, die daraufhin mit einer Einzeldosis Praziquantel (Droncit®) entfernt wurden.

11.) Ingwer hilft (zumindest in getrockneter Form und in den üblicherweise angewendeten Mengen) nicht gegen **Infektionen**! (Hier kann man aber sehr wirkungsvoll **Meerrettich** einsetzen, siehe hierzu Näheres im **Teil B** dieses Buches! Bei **Herpesinfektionen** scheint **Süßholz** eine interessante Möglichkeit darzustellen, siehe dazu im **Teil C** dieses Buches!) Da Ingwer aber die Symptome von Infektionen teilweise überdeckt, muß (ab einer Menge von ungefähr 3 Gramm pro 100 Kilo Körpergewicht) verstärkt darauf geachtet werden. Treten bei der Verfütterung von Ingwer Schwierigkeiten auf, sollten daher bakterielle oder virale Infektionen in Betracht gezogen werden. Besonders gilt das für Zahnprobleme, aber auch z.B. für Borreliose. In einigen Fällen kann es auch geschehen, daß eine zuvor lange verborgen gebliebene Infektion durch Ingwerfütterung erst offen zutage tritt. Dies liegt daran, daß der Körper bei einer bakteriellen Infektion mit Hilfe der Entzündungsreaktion versucht, auch die Infektionserreger zu bekämpfen. Durch Hemmung der Entzündung kann daher auch die Bekämpfung der Erreger gehemmt sein. Dies ist ein für alle entzündungshemmenden Mittel bekannter Mechanismus, der aber bei Ingwer bei weitem nicht so stark ausgeprägt ist, wie bei den chemischen Mitteln!
Ab sehr großen Mengen von ungefähr **25 Gramm pro 100 Kilo Körpergewicht** hat **Ingwer** eine **stark schleimlösende Wirkung**, auch auf sehr fest sitzenden Schleim in der Lunge. Hierfür könnte der Gehalt an ätherischen Ölen verantwortlich sein. Es hat den Anschein, als ob Ingwer in diesen Mengen auch eine antibakterielle Wirkung ausübt. (Eine solche Wirkung wird z.B. von Sebiomo u.a. im Journal of Microbioloy and Antimicrobials, Vol. 3(1), S. 18-22, Jan. 2011, beschrieben.) Trotzdem ist es sicherer, sich auf den Meerrettich zu verlassen, wenn eine starke antibiotische Wirkung gegen schädliche Bakterien benötigt wird.

Ich möchte betonen, daß Ingwer (und auch Meerrettich, siehe Teil B, bzw. Süßholz, siehe Teil C) den **Tierarzt nicht ersetzen kann und soll!**

Ingwer sollte in höherer (!) Dosierung zur Behandlung von Krankheiten nur eingesetzt werden, wenn die tierärztliche **Diagnose** feststeht oder die eigene **sicher** ist, oder es sich um **altersbedingte Schäden** handelt, bei denen man sowieso nur noch Symptome behandeln kann.

Er sollte aber auch von allen verantwortungsvollen Tierärzten zum Wohle der Tiere in so vielen Fällen wie möglich eingesetzt werden, auch als Nachversorgung zur Unterstützung von langfristigen Heilungen. Tierärzte verfügen zwar über Substanzen, die schneller wirken als Ingwer, aber meiner Ansicht nach nicht über solche, die besser sind! Von einigen Tierärzten, auch von Rennbahntierärzten, wird er daher auch schon empfohlen. Der Bezug einer geprüften Qualität direkt über den Tierarzt ist aber leider bei den meisten Tierärzten noch nicht möglich.

Ingwer und Doping

Prinzipiell zählt Ingwer, obwohl ein Nahrungsmittel, zu den Dopingmitteln, wenn er in schmerz- und entzündungshemmender Menge verabreicht wird. Daher hatte ich auch das Direktorium für Vollblutzucht und Rennen und die FN darüber bereits Mitte 2002 informiert! Seit ein paar Jahren ist er nun auf der offiziellen Liste der Dopingmittel zu finden! Allerdings wird dort seine Verweilzeit im Körper mit nur mit 2 Tagen angesetzt, was zu niedrig ist! Man sollte 4 bis 5 Tage ansetzen!

Bis zur Aufnahme in die Dopingliste hatte der Ingwer (und offenbar auch der Meerrettich) allerdings längst seinen Weg in den Turnier- und Rennsport gefunden. Vor allem nach dem Bekanntwerden des Falls „Renaissance Fleur" hatte die Zahl der mit Ingwer gefütterten Pferde sprunghaft zugenommen und auch andere Bereiche erfaßt. Keine der üblicherweise an Tieren durchgeführten klinischen Studien könnte meines Erachtens ein verläßlicherer und härterer Test auf Nutzen und Verträglichkeit sein als die Leistung auf der Rennbahn. Für den Rennsport, der unter den am besten reproduzierbaren Versuchsbedingungen stattfindet (Streckenlänge, Bodenbeschaffenheit, zu tragendes Gewicht, u. a. m., alles wird akribisch aufgezeichnet und wiederholt sich), kann man grob sagen, daß die Siegquote unter Ingwer um mindestens 30 % ansteigt.

Dabei handelt es sich aber **meiner Ansicht** nach, **abhängig von der verabreichten Menge**, **nicht** unbedingt um **Doping**, sondern um eine **Rückanpassung an entwicklungsgeschichtlich geeigneteres Futter**! Daher sollte meines Erachtens ein erlaubter Grenzwert für Inhaltsstoffe oder Metaboliten des Ingwers im Blut festgesetzt werden, denn **unterhalb der zuvor beschriebenen Schwellenmenge** wirkt Ingwer nicht mehr schmerzhemmend, sondern nur **wohltuend**, ist somit kein Doping sondern nur gutes Futtermittel! Die Pferde sind dann gesünder und laufen daher besser!

Meine langjährigen Erfahrungen mit Ingwer in der Pferdefütterung scheinen nämlich zu zeigen, daß dem Pferd offenbar durch Ingwer ein Ersatz für das wiedergegeben wird, was der Mensch ihm einstmals genommen hatte, als er es durch **Domestikation** vom **Wandertier zum Haustier** machte. Etwas ähnliches ist aus der menschlichen Ernährung bekannt (European Journal of Nutrition, Bd. 40, S. 289, 2002): Durch den Einsatz von Pestiziden in der Landwirtschaft ist der Gehalt an Salizylsäure in den Pflanzen stark zurückgegangen. Salizylsäure wird normalerweise von Pflanzen als Schutzmechanismus bei Krankheit und Schädlingsbefall gebildet. Beim Menschen vermindert sie die Wahrscheinlichkeit des Auftretens von Herzanfällen, Schlaganfällen und auch Krebs. Der Mensch ist offensichtlich entwicklungsgeschichtlich an ihre Aufnahme angepaßt, und die starke Verringerung der Menge in seinen heutigen Lebensmitteln wird daher mit einer Zunahme der genannten Erkrankungen in Verbindung gebracht. Zum Teil muß der Mangel daran dann bei Beschwerden künstlich durch Aufnahme von Acetylsalicylsäure (Aspirin®) ausgeglichen werden. Niemand würde aber auf die Idee kommen, deshalb biologisch angebaute Pflanzen als Doping zu bezeichnen!

Auch ist in der **menschlichen Ernährung** erst in den letzten Jahren die **Bedeutung der Gewürze** mehr und mehr erkannt worden, die eigentlich nach vorangehender Ernährungstheorie, die nur auf Eiweiß, Kohlenhydraten, Fetten, Vitaminen und

Mineralstoffen basierte, völlig unerheblich hätte sein sollen. **Gewürze** beeinflussen aber über ihre vielfältigen sekundären Pflanzeninhaltsstoffe z.B. den **Blutdruck**, die **Zucker- und Blutfettwerte** und **viele weitere Parameter** von hoher gesundheitlicher Bedeutung teils **erheblich**! So senkt z.B. **Zimt** schon in Mengen von 1 bis 6 Gramm täglich bei Menschen die (schädlichen) **LDL-Cholesterinwerte** und den **Blutzucker** um **10 bis 30%** (Diabetes Care, Nov. 2003, Bd. 26, S. 3215) und hat damit ähnlich starke Wirkungen wie ein Medikament. Und dies ohne Nebenwirkungen! (**Zimt** wird daher auch schon von einigen Pferdehaltern zur Behandlung von **Equinem Metabolischem Syndrom** eingesetzt.)

Für die wohltuende Wirkung von Gewürzen auf die Verdauung wurde nun beim Menschen einer der Wirkmechanismen entschlüsselt (Braun u. a., Gastroenterology, Bd. 132, 2007): Demnach finden sich in der Schleimhaut des Magen-Darm-Traktes überraschenderweise Rezeptoren für einige Aromastoffe, die man sonst nur aus der Nase kannte und die dort zum Geruchssinn gehören. In der Magenschleimhaut führten die Aromastoffe bei diesen Sensorzellen zu einem Anstieg der Kalziumkonzentration im Zellplasma und zur Produktion von Serotonin. Serotonin ist gemeinhin als „Glückshormon" bekannt. Aber es fördert auch die Darmperistaltik und die Ausschüttung von Verdauungssäften.

Die beobachteten Wirkungen von Ingwer auf Verdauung und Wohlbefinden des Pferdes zeigen, daß offensichtlich auch das Pferd über solche sensorischen Zellen im Magen-Darm-Trakt verfügt. Und daß sich die Pferde bei Fütterung von Ingwer wohl fühlen, dürfte dann teilweise auf der Wirkung des „Glückshormons" Serotonin beruhen. Die Bezeichnung „Wohlfühldosis" wäre dann ziemlich wörtlich zu nehmen.

Man sieht also: Nahrung läßt sich nicht mit einigen wenigen Parametern umreißen. Sie besteht aus zigtausenden von Verbindungen, von denen viele miteinander wechselwirken.

Einsatz bei Mensch und Hund

Über die Verwendung von Ingwer gegen Schmerzen und Entzündungen beim Menschen laufen Untersuchungen in Australien, die allerdings auf chemische Abwandlung seiner Inhaltsstoffe abzielen. Ein darauf basierendes Medikament mußte aber wieder vom Markt genommen werden, weil es nicht ausreichend magenverträglich war. Das verwundert mich eigentlich nicht, denn es sind die vielen anderen im Ingwer enthaltenen Stoffe, die für die gute Magenverträglichkeit der Gesamtpflanze sorgen.

In einer Untersuchung von 2010 wurde festgestellt, daß Ingwer auch trainingsbedingte Muskelschmerzen beim Menschen lindert (C.D. Black u.a., The Journal of Pain, 2010). Es ist in der Veterinärmedizin bekannt, daß die **meisten Medikamente beim Pferd besser wirken, als beim Menschen.** So beträgt z.B. die entzündungshemmende Dosis Aspirin® beim Warmblutpferd etwa 3 Gramm am Tag, beim viel leichteren Menschen 1 bis 2 Gramm!

Bei Ingwer ist dieses Verhältnis noch extremer. Ein Grund dafür liegt wohl darin, daß die **entzündungshemmenden Stoffe des Ingwers nicht sehr säurebeständig** sind und der Mensch eine ausgeprägtere Magenverdauung als das Pferd hat, bei dem der Magen weniger Verdauungsorgan, sondern mehr "Desinfektionskammer" und Schleuse zum Darm ist.

Für getrockneten Ingwer mit mindestens 2 % Scharfstoffgehalt und für afrikanischen Ingwer mit niedrigerem Scharfstoffgehalt (ungefähr 1,5 %, dadurch angenehmer zu essen) wurden von mir und anderen im Selbstversuch **notwendige Mengen zwischen 15 und 30 Gramm pro 100 Kilo Körpergewicht und Tag bei reinen Gelenkerkrankungen des Menschen** ermittelt. (Ich selbst nehme hierzu nach den Mahlzeiten Ingwer vorne in den Mund und spüle ihn dann mit etwas kalter Milch herunter; größere Mengen aufgeteilt in kleinere Portionen und über den Tag verteilt.) Auch hier war ein sehr plötzliches Einsetzen der Wirkung erst ab dem Überschreiten einer Schwellenmenge zu beobachten. Das bedeutet, daß ein **Mensch also (bei oraler Gabe ohne Schutzumhüllung gegen den Magensaft) etwa sieben Mal weniger empfindlich** auf die schmerz- und entzündungshemmende Wirkung des Ingwers reagiert, als ein **Pferd**!

In einem Fall wurde von starken Blähungen als Nebenwirkung berichtet (18 Gramm Ingwer bei 60 Kilo Körpergewicht), dafür half der Ingwer hier allerdings nicht nur gegen die Arthroseschmerzen, sondern sogar gegen eine **Fibromyalgie**. Blähungen als Nebenwirkung scheinen aber sehr selten zu sein. Häufiger tritt bei hohen Ingwerdosierungen (mehr als 30 Gramm täglich) auf, daß der Stuhlgang weicher wird. Es kommt aber zu keinem Durchfall! Bei längerfristiger Einnahme wird der Stuhlgang auch wieder fester. Bei sehr hohen Ingwerdosierungen ist auch in Urin und Kot Schärfe zu spüren. Auch hier tritt aber Gewöhnung ein. Durch eine Aufteilung der Gesamtdosis auf kleinere Mengen über den Tag läßt sich diese Nebenwirkung zudem verringern.

Es hat sich gezeigt, daß **beim Menschen, anders als beim Pferd** (!), die **Wirkung** des Ingwers **deutlich schneller einsetzt**, aber auch **deutlich schneller wieder abklingt**! Schon aus diesem Grund ist es sinnvoll, die tägliche Menge auf mehrere Gaben zu unterschiedlichen Zeiten aufzuteilen. Beim **Menschen** beginnt die Wirkung im allgemeinen **nach etwa 2 bis 3 Stunden einzusetzen** und **nach 6 Stunden** wieder **nachzulassen**. Von daher hat es sich als praktikabel herausgestellt, morgens, mittags und abends nach den Mahlzeiten eine Ingwerdosis einzunehmen. Eventuell kann noch einmal spät abends eine Dosis genommen werden.

Bei **Ödemen** in den Beinen helfen schon ab ungefähr **8 bis 12 Gramm** Ingwer **pro 100 Kilo Körpergewicht**.

Bei **Hunden** scheint die notwendige Dosis **noch etwas höher** zu liegen als beim Menschen. Bei **einem Schäferhund mit 30 Kilo Gewicht** muß zur Schmerzbehandlung in Gelenken mit **etwa 10 Gramm pro Tag** gerechnet werden. Hunde sind allerdings gegenüber Ingwer wesentlich **mäkliger als Pferde**, vermutlich des Geruches wegen, weshalb man öfters die Schwierigkeit hat, die wirksame Menge überhaupt zu erreichen. Aufgrund ihrer scharfen Magensäfte sind sie jedoch auch in der Lage, **grob geschnittenen getrockneten Ingwer**, der wenig riecht, gut zu verwerten. Sie akzeptieren ihn in dieser Form (vor allem in Trockenfutter) deutlich besser. Auch bei Verabreichung in Katzenfutter haben einige Hundehalter gute Erfahrungen gemacht.

Die bei reinen Gelenkerkrankungen und direkter Gabe oral (ohne Schutzmantel gegen den Magensaft) benötigten Ingwermengen verhalten sich demnach, **umgerechnet auf gleiches Körpergewicht**, für **Pferd : Mensch : Hund ungefähr wie 1 : 7 : 10**.

Dieses Verhältnis läßt sich offenbar für den Menschen in günstiger Weise verändern, wenn man den Ingwer in getrockneter Form in **magensaftresistente Kapseln** verpackt und diese unzerkaut schluckt. Dadurch wird der Zersetzungsprozeß im Magen umgangen, und es tritt eine deutliche Steigerung in der Wirksamkeit ein.

Da die üblichen als magensaftresistent angebotenen Kapseln nicht wirklich magensaftresistent sind, sondern ihre Auflösung im Magensaft durch eine Beschichtung (z.B. Eudragit®) nur verzögert ist (sie werden daher richtiger als Delayed-Release-Kapseln bezeichnet), habe ich eigene Kapseln entwickelt, die die Auflösezeit im Magensaft auf ungefähr 1 ½ Stunden verlängern und dadurch eine zerstörungsfreie Passage durch den Magen ermöglichen, vor allem, wenn die Kapseln einige Zeit vor dem Essen eingenommen werden. Auf nüchternen Magen verläuft nämlich die Passage durch den Magen schneller als bei gefülltem Magen. Vor allem bei schwer verdaulichen Mahlzeiten ist der Magendurchgang hingegen deutlich verlangsamt und beträgt mehr als 2 Stunden. Eine weitere Methode, den Magendurchgang zu beschleunigen, ist die Einnahme mit Sprudel: das Kohlendioxid im Magen verkürzt nämlich die Aufenthaltsdauer.

Meine Kapseln sind sehr leicht selbst herzustellen. Es sind nämlich einfach **Doppelkapseln**: eine äußere Kapsel umhüllt und schützt dabei eine innere Kapsel, die den Ingwer enthält. Überraschenderweise hat es sich nämlich gezeigt, daß solche Kapseln, wenn sie einen gewissen Zwischenspalt zueinander aufweisen, sich nicht etwa nur doppelt so langsam auflösen wie einfache Kapseln, sondern deutlich langsamer! So lösen sich z.B. einfache käufliche Kapseln aus Hartgelatine in etwa 5 bis 10 Minuten im Magen auf, einfache vegetarische Kapseln (aus einer substituierten Zellulose) sogar schon binnen etwa 5 Minuten. Eine ingwerenthaltende Doppelkapsel aus einer

Hartgelatinekapsel der Größe 0 in einer umhüllenden Hartgelatinekapsel der Größe 00 löst sich hingegen erst in etwa 1 bis 1 ¼ Stunden auf, eine ingwerenthaltende Doppelkapsel aus einer vegetarischen Kapsel der Größe 0 in einer umhüllenden vegetarischen Kapsel der Größe 00 sogar erst nach 1 ½ Stunden, obwohl eine vegetarische Einzelkapsel sich sogar schneller auflöst als eine Hartgelatinekapsel! Die Auflösezeiten für Doppelkapseln aus unterschiedlichen Materialien liegen zwischen diesen Werten.

Entscheidend für die Verzögerung bei der Auflösung scheint der richtige Luftspalt zwischen den beiden Kapseln zu sein. Die Größe 0 in einer Außenkapsel der Größe 00 ist hier eine sehr günstige Kombination, auch was den Preis betrifft. Eine Kapsel der Größe 0 faßt, je nach Ingwersorte, bis zu ungefähr 0,4 Gramm Ingwer (im Falle von granuliertem nigerianischem Ingwer der Firma Masterhorse).

Vegetarische Kapseln oder solche aus Hartgelatine der Größen 0 und 00 sind über das Internet als „Leerkapseln" leicht erhältlich. Es lohnt sich in diesem Falle auch gleich ein manuelles Kapselfüllgerät (für Größe 0) zu bestellen, das das Füllen enorm erleichtert. Mit einem solchen sehr einfachen und günstigen Gerät lassen sich z.B. 50 Doppelkapseln in etwa 30 Minuten anfertigen.

Versuche mit meinen magensaftresistenten Doppelkapseln haben ergeben, daß die Wirksamkeit des Ingwers beim Menschen gegenüber der direkten Einnahme um ungefähr den Faktor 2 (bis 3) gesteigert wird! Darüber hinaus ist die Einnahme besonders für solche Menschen geeignet, die Ingwer nicht mögen oder so krank sind, daß sie nicht in der Lage wären, ihn direkt zu schlucken.

Die Wirkungssteigerung durch die Verkapselung um nur den Faktor 2 (bis 3), statt des erhofften Faktors 7, zeigt, daß die bereits für das Beispiel Aspirin® erwähnte, um ungefähr den Faktor 3 höhere Wirksamkeit vieler Wirkstoffe beim Pferd auch beim Ingwer zutrifft (3 mal 2,3 ist ungefähr 7).

(Die hier beschriebenen Doppelkapseln lassen sich natürlich auch für andere magensaftempfindliche Substanzen einsetzen!)

Eine Gabe in **Kapselform** ist auch in all den Fällen empfehlenswert, in denen die Ingwerdosierungen ansonsten extrem hoch wären, z.B. bei der **Krebsbehandlung** (siehe folgendes Kapitel).

Eine andere Möglichkeit, die **Wirksamkeit** des Ingwers beim Menschen etwas zu **erhöhen**, scheint nach eigenen Versuchen die Verabreichung auf **nüchternen Magen** zu sein (am besten morgens einige Zeit vor dem Frühstück), aufgeschlemmt in einer größeren Menge Flüssigkeit, die schnell getrunken wird. Dann wird der Ingwer sehr schnell in den Darm weitergeleitet, ohne daß er lange dem sauren Milieu ausgesetzt ist. Bewährt hat sich bei mir Milch, die ungefähr auf Körpertemperatur gebracht wurde, um das schnelle Trinken ohne Kältereiz auf den Magen zu ermöglichen.

Durch diese Verabreichung auf nüchternen Magen scheint die Wirksamkeit um ungefähr den Faktor 1,5 gesteigert werden zu können, das heißt, der Mensch muß dann z.B. für eine Hüftgelenksentzündung nicht mehr 20 Gramm täglich zu sich nehmen, sondern nur

noch ungefähr 14 Gramm. Für eine Verabreichung auf nüchternen Magen muß dieser aber schon besser daran gewöhnt sein, als dies direkt nach dem Essen der Fall ist!
Die **Einnahme** von Ingwer muß der Mensch in jedem Fall erst einmal mit geringen und langsam steigenden Mengen **üben**! Man gewöhnt sich aber schnell daran. Das Schärfegefühl (beim Ingwer eine „Scheinschärfe") verschwindet schnell (einige Minuten).

Eine gewitzte Hundebesitzerin verabreicht ihrem Hund mit Arthrose den **Ingwer** verpackt **in geschmolzenem Käse**! Sie schneidet hierzu eine Käsescheibe in zwei Teile, schmilzt sie an, gibt einen Teelöffel Ingwer auf die eine Hälfte, klappt die andere Hälfte darauf und wirft ihrem Hund diese Käsetasche zu, damit er sie ohne zu kauen verschlingt. Der Käse verkapselt den Ingwer anscheinend hinreichend gut, so daß die **notwendige Dosis auf ungefähr ein Drittel** gegenüber dem unverpackten Ingwer **sinkt**! Auch bei der Besitzerin selbst ließ sich durch Ingwer in geschmolzenem Käse die sonst üblicherweise notwendige Dosis deutlich reduzieren!
Bei der Verabreichung von Ingwer an Mensch und Hund besteht also noch ein großes Potential, seine Wirksamkeit durch eine geeignetere und gleichzeitig einfache Art und Weise der Einnahme deutlich zu steigern!
Ob die Wirksamkeit des Ingwers beim Menschen (und Hund) bei gleichzeitiger Gabe von Fructose ebenso etwas (wenn auch nicht viel) zunimmt, wie es beim Pferd der Fall zu sein scheint, wurde von mir noch nicht untersucht, ist aber auf jeden Fall einen Versuch wert!

Einsatz von Ingwer bei anderen Erkrankungen (Mensch und Tier)

a.) Alzheimer, Parkinson

Ein noch spekulatives aber sehr hoffnungsvolles Einsatzgebiet von Ingwer beim Menschen könnte die **Alzheimersche Krankheit**, vielleicht auch **Parkinson**, sein. So wurde bereits in vielen großangelegten Untersuchungen bestätigt, daß **nichtsteroidale Schmerz- und Entzündungshemmer**, auch in niedriger Dosierung, bei langfristiger Gabe über mehrere Jahre das **Risiko**, an Alzheimer zu erkranken, um **bis zu 80 % senken**! (Z.B. von Forschern des Erasmus-Medizinzentrums in Rotterdam, veröffentlicht in „New England Journal of Medicine", Nov. 2001, Bd. 345, S. 1515; von der University of California, veröffentlicht Nov. 2001 in „Nature"; oder auch von den Universitäten Toronto und Washington, American Academy of Neurology, 2003; außerdem von Herrup, Lamb u. a. in „Journal of Clinical Investigation", Nov. 2009).
Weiterhin wurde gefunden, daß nichtsteroidale Entzündungshemmer sogar bereits entstandene Alzheimer-Plaques wieder auflösen können (J.R. Barrio u. a. in „Neuroscience", Ausgabe vom 31.3.2003)! Einen noch stärkeren Hinweis, daß die Inhaltsstoffe des Ingwers ebenfalls gegen Alzheimer wirksam sein sollten, geben neue, sehr erfolgreiche Forschungen mit dem ebenfalls entzündungshemmenden gelben Farbstoff Curcumin aus Gelbwurz (Kurkuma; Bestandteil von Curry), ebenfalls einer Pflanze aus der Gruppe der Ingwergewächse. Bei Curcumin zeigte sich eine starke Wirksamkeit bei Demenz von Mäusen und ebenfalls ein Abbau sogar bereits bestehender Alzheimer Plaques (Cole, J. Biol. Chem., Bd. 280, 7, 5892ff, 2005; Fiala, Cashman, Proceedings of the National Academy of Sciences, 2007, 104, 12849ff). Auch beim Menschen wurden solche Wirkungen nun schon durch Studien nahegelegt (Fiala u. a., Journal of Alzheimer's Disease, Oktober 2006). Epidemiologische Studien hierzu fanden ebenfalls schon statt (Ng u. a., Am. J. of Epidemiol., 2006, 164 (9), 898-906).
Siehe auch das **Kapitel: „Kurkuma als Ingwerersatzstoff?"** in diesem Buch.
Darüber hinaus gibt es Studien, die nahelegen, daß Medikamente, die bei Alzheimer wirken, auch bei Parkinsonscher Krankheit ausprobiert werden sollten (B. Gaisson u. a. in „Science", Apr. 2003, Bd. 300, S. 636).
Da Ingwer ebenfalls genauso wie ein nichtsteroidales schmerz- und entzündungs-hemmendes Mittel wirkt, ist ein **positiver Einfluß** also **auf beide Erkrankungen wahrscheinlich**.

b.) Heilungsbeschleunigung

Eine langfristige Fütterung von Ingwer schon in halber bis 2/3 Menge der für Gelenkerkrankungen üblichen Schwellenmenge scheint übrigens **Heilungsreaktionen** des Körpers sowohl an Gelenken, wie auch an Sehnen und Bändern deutlich zu **beschleunigen**.

Die äußerlich sichtbare Hufgelenksschale meines mit 35 Jahren verstorbenen Warmblutwallachs, die sich während 7 Monaten akuter Entzündung (er war damals 31 Jahre alt) unter schmerzhemmender Ingwerdosis gebildet und zu einer steilen Hufform geführt hatte, entwickelte sich nach Ende der akuten Phase und Reduzierung der Ingwermenge auf die halbe Dosis, die nicht mehr schmerz- und entzündungshemmend wirkt, binnen des folgenden dreiviertel Jahres stark zurück. Die Huppel am Kronsaum (Bindegewebe) schrumpfte in dieser Zeit auf etwa ein Viertel des anfänglichen Volumens, und der Huf lief sich wieder in seine frühere Form. Die Gelenkversteifung war also offensichtlich verschwunden. Eine **Röntgenaufnahme**, die leider erst 1 Jahr nach dem Ende der akuten Phase aufgenommen wurde, zeigte, daß die Gelenkspalten wieder frei waren. Weitere Röntgenaufnahmen ungefähr 1 Jahr und 2 Jahre später nach Verfütterung von 2 Gramm bzw. 4 Gramm pro 100 Kilo Körpergewicht zeigten keinerlei Veränderungen an den Knochenauswüchsen (Exostosen) gegenüber der ersten Aufnahme. Der Zustand der knöchernen Auswüchse war wie eingefroren.

Ohne Ingwerfütterung hätten die Auswüchse erfahrungsgemäß zunehmen und das Bein noch dicker werden müssen.

Abb.1 zeigt eine der **Röntgenaufnahmen** des (trotz starker sichtbarer Knochenauswüchse) lahmfreien Recken. Die anderen unterscheiden sich nicht davon.

Bei Renaissance Fleur war nach Aussage der Besitzerin nach 2 Jahren der Ingwerfütterung in einer Dosierung von 3 Gramm pro 100 Kilo Körpergewicht ebenfalls ein deutliches Dünnerwerden des Bereichs des vormals zertrümmerten Gelenkes festzustellen.

Über den äußerlich sichtbaren Rückgang von Schale bei langfristiger Ingwerfütterung wurde mir bereits auch von mehreren anderen Anwendern berichtet. Eine Anwenderin bestätigte auch ein röntgenologisch nachgewiesenes Verschwinden der beginnenden Verknöcherungen innerhalb des Gelenkspaltes bei einer Hufgelenksentzündung ihres Pferdes.

Auf den Röntgenaufnahmen meines zum Zeitpunkt der Aufnahmen 32, 33 und 34 Jahre alten Wallachs war darüber hinaus eine nur sehr geringfügige Verknöcherung seines Hufknorpels zu erkennen. Inwiefern dies mit dem Ingwer zusammenhängt, ist aber nicht klar, weil Röntgenaufnahmen vom Zustand vor der Fütterung fehlen. Ich vermute auch eine Ursache darin, daß er keine angereicherten Fertig- und Mineralfuttermittel erhält. Durch Kalzium in Verbindung mit Vitamin D lassen sich nämlich Kalkablagerungen sogar mitten in Muskeln hervorrufen! Ich bin sicher, daß eine Überversorgung mit Kalzium und Vitamin D einer der Gründe für den heutzutage viel zu oft auch schon bei jungen Pferden festgestellten Befund „Hufknorpelverknöcherung" ist.

In diesem Zusammenhang möchte ich auch vor der Fütterung von Kalziumpräparaten bei gleichzeitiger Behandlung des Pferdes mit Tildren® (einem Bisphosphonat) warnen! Tildren® wird z.B. bei Hufrollenerkrankungen eingesetzt, um das angegriffene Strahlbein wieder etwas aufzubauen. Eine Nebenwirkung der Behandlung kann sein, daß der Kalziumspiegel im Blut absinkt. Bevor aber blindlings einfach Kalziumpräparate zugefüttert werden, sollte der Kalziumspiegel während der Behandlung bestimmt werden! Denn ich habe Hinweise darauf, daß das unkontrollierte Zufüttern eines

Kalziumpräparates zu Kalkabscheidung nicht nur am Strahlbein, sondern auch an anderen gereizten Stellen führte, z.B. an Sehnen und in Gelenkspalten, also dort, wo man solche Abscheidungen nicht haben möchte!

Abb.2 zeigt eine **Aufnahme** des linken Vorderbeines meines **englischen Vollblüters** Amarock (v. Mendez, a.d. Arjona a.d. Aggravate) im Alter von 19 Jahren. Die Gelenke sind trotz seines Alters und 39 gelaufener Rennen (3 Siege, 18 Plazierungen) noch überraschend gut. Auch die Hufknorpelverknöcherung ist nur geringgradig. Der Ingwer, den er in den mehr als 3 Jahren vor der Aufnahme erhielt, hat offenbar einen schützenden Einfluß auf die Gelenke ausgeübt.

Abb.3 zeigt eine **Aufnahme** des linken Sprunggelenkes von Amarock vom April 2008 im Alter von 21 Jahren. Diese Aufnahme zeigt nach Aussage eines Tierarztes ein Gelenk, das sogar noch für ein junges Pferd gut sei!

Daß die Gelenke meines Vollblüters nach langjähriger Ingwerfütterung auch im Alter noch weitgehend arthrosefrei sind, könnte u. U. auf einer Blockade des Eiweißes Syndecan-4 im Gelenk beruhen. Dieses Eiweiß wurde von einer Forschergruppe um Prof. Pap an der Universität Münster entdeckt (Veröffentlichung August 2009) und aktiviert Enzyme, die den Gelenkknorpel angreifen. Bei Blockade von Syndecan-4 konnten die Forscher bei Mäusen die Entstehung von Arthrose verhindern.

Welche Inhaltsstoffe und Kombinationen derselben im Ingwer maßgeblich für welche Wirkungen zuständig sind, ist aber noch nicht untersucht. Gegenüber den üblicherweise von einem Tierarzt verordneten Mitteln hat der Ingwer jedoch meines Erachtens den Vorteil, aus einem Gemisch aus hunderten von wirksamen Substanzen zu bestehen, so daß die Wahrscheinlichkeit groß ist, daß auch Substanzen dabei sind, die dem Körper helfen, auch solche Schäden zu reparieren, die der Arzt noch gar nicht diagnostiziert hat. Dies ist eine Aufgabe, die ein gutes Nahrungsmittel haben sollte. Die große Anzahl an zum Teil miteinander wechselwirkenden Substanzen erschwert es allerdings, Wirkungs-mechanismen zu erstellen und exakte Qualitätskriterien festzulegen.

Empirisch läßt sich daher bislang nur der Gehalt an Scharfstoffen oder/und das Herkunftsland als Qualitätskriterium angeben.

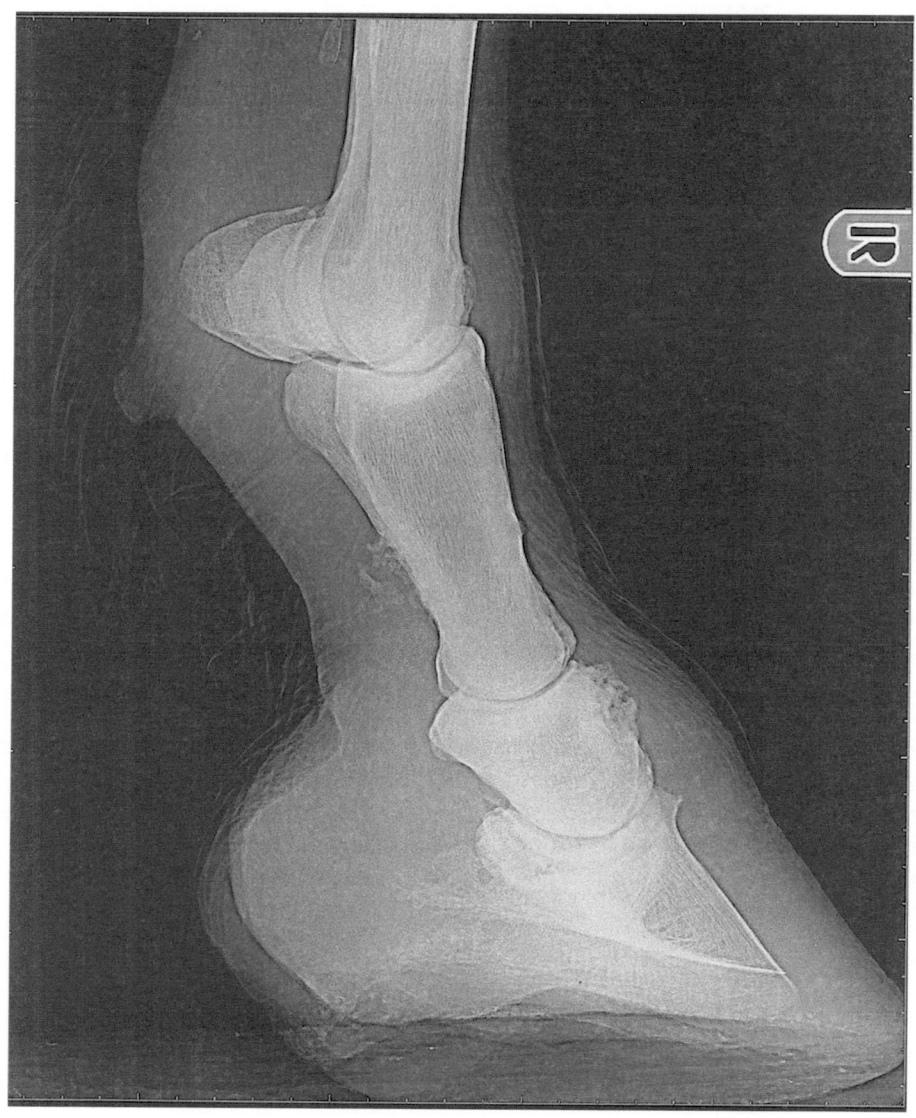

Abb.1 (Waran, vorne rechts, November 2003)

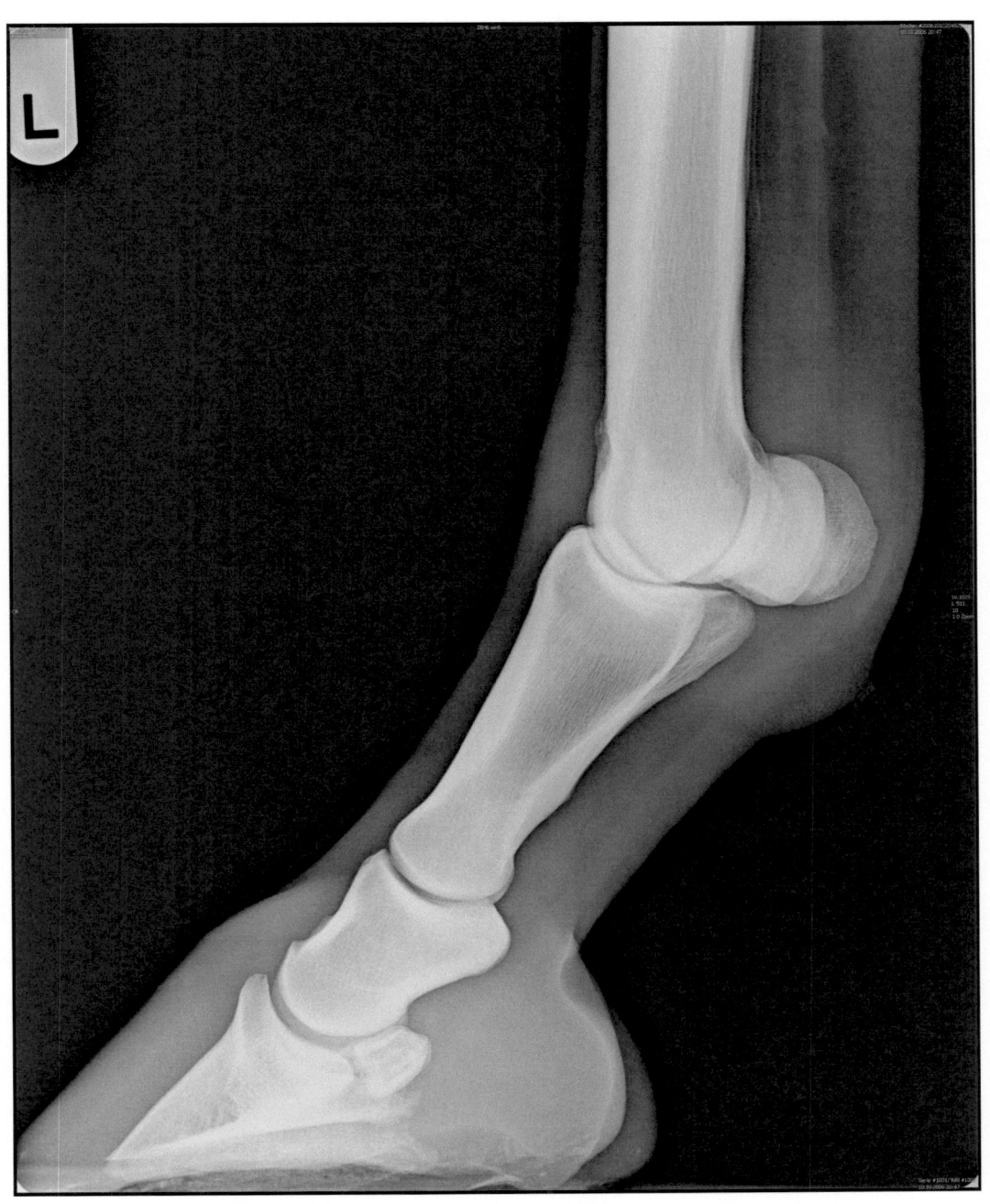

Abb.2 (Amarock, vorne links, Oktober 2006)

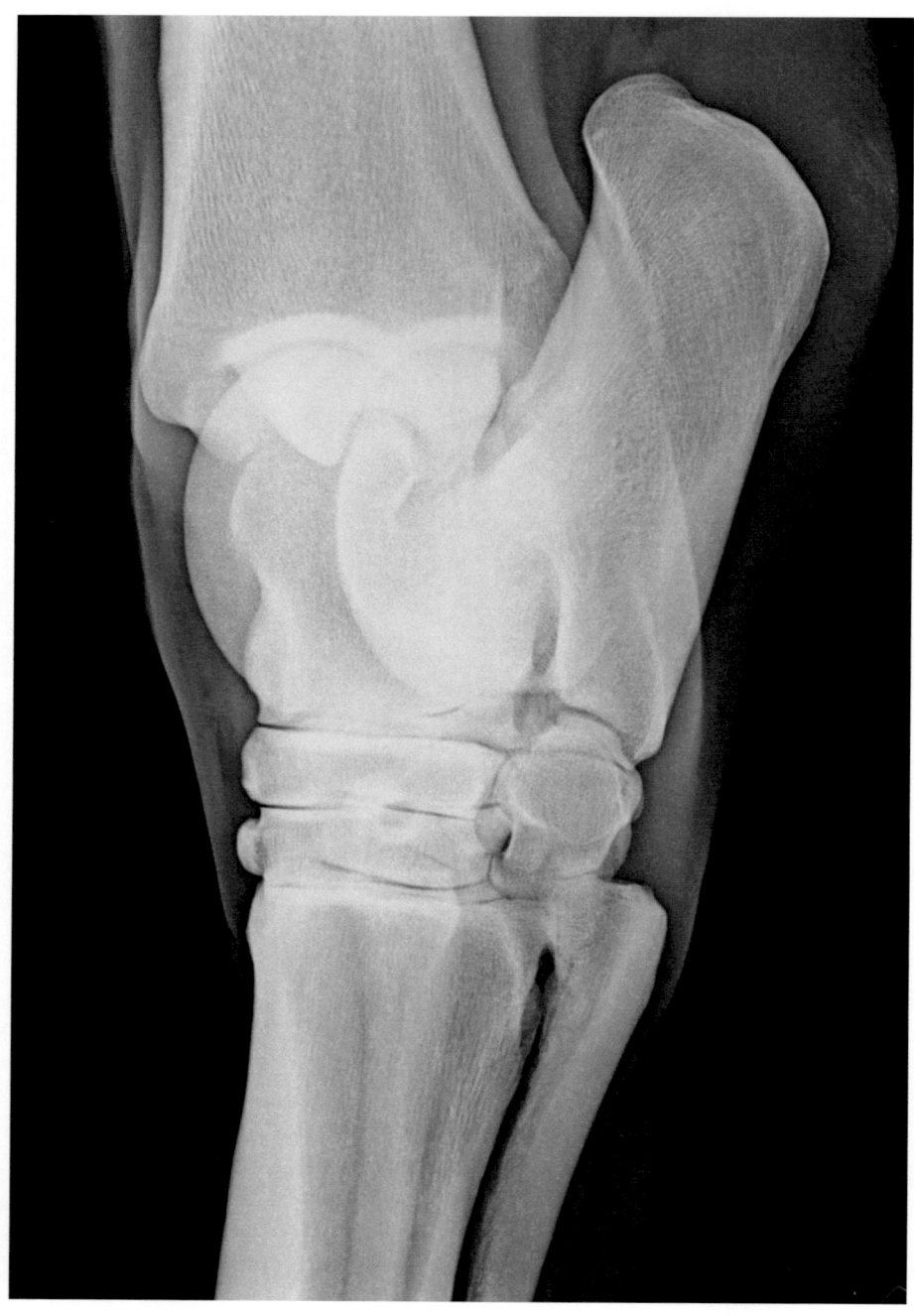

Abb.3 (Amarock, Sprunggelenk links, April 2008)

c.) Ingwer gegen Übelkeit und Magengeschwüre

Ingwer wird seit langem beim Menschen gegen Seekrankheit und bei Schwangerschaftsübelkeit eingesetzt. (Einige Studien haben hier die Wirksamkeit und Unbedenklichkeit in der Schwangerschaft bestätigt: Obstetrics & Gynecology 2005 (105), S. 849-856; Midwifery, Dez. 2009, vol. 25 (6), S. 649-653).
Es wurde auch bereits eine Vielzahl an „**Ingwerfohlen**" geboren. So hatte z.B. Regatta, die Mutter von Renaissance Fleur, die Ingwer wegen ihrer Melanome (Schimmelstute) erhielt, im April 2005 im Alter von 25 Jahren ein gesundes und sehr vitales Hengstfohlen (Rossini) zur Welt gebracht. Renaissance Fleur selbst schenkte im April 2006 einem kerngesunden Stutfohlen (Roulette) das Leben. Im Jahr 2008 folgte ein weiteres Stutfohlen (Reminiscence) und 2010 noch eine Stutfohlen (Residence). Das Absetzen von der Mutter und deren „Ingwermilch" hatte dabei offensichtlich zu **keinen „Entzugserscheinungen"** beim Fohlen geführt.
Das Bild auf der Vorderseite des Buches aus dem Jahr 2006 zeigt Regatta (damals 26), Renaissance Fleur (14), ihr Fohlen Roulette und die stolze Besitzerin aller drei. Deutlich ist darauf Renaissances ehemals zerschmetterte rechte Fessel zu erkennen.
Es wurde von langfristigen Ingwergaben während der **Trächtigkeit** bis zu 60 Gramm (Gesamtmenge) am Tag ohne schädliche Einflüsse berichtet. Meiner Meinung nach sind sogar positive Einflüsse denkbar, u. a. weil durch den Ingwer die Parasiten niedergehalten werden (siehe Punkt 10 des Kapitels „Anwendung"). Zumindest scheinen alle Fohlen, von denen ich Kenntnis habe, sehr gelungen zu sein.
Beim Menschen scheinen Aspirin® und andere blutverdünnende Mittel durchaus Vorteile zu haben, z.B. vermindert sich dadurch die Wahrscheinlichkeit von Frühgeburten und Schwangerschaftstoxikose, allerdings muß die Möglichkeit stärkerer Blutungen beachtet werden (L. Askie, Lancet, Mai 2007). Ingwer könnte daher beim Pferd vergleichbar wirken, allerdings ist die blutverdünnende Wirkung von Ingwer verglichen mit der von Aspirin® gering.
In früheren Zeiten wurde Ingwer auch gereicht, um einige Heilkräuter magenverträglicher zu machen. Auch bei **Magengeschwüren** wurden beim Menschen gute Ergebnisse erzielt.
Eine sehr ausführliche Dissertation aus dem Jahr 2006 zur antiemetischen (brechreizmindernden) Wirkung von Ingwer, durchgeführt an der Westfälischen Wilhelms-Universität Münster von A. Riyazi, findet man frei zugänglich im Internet unter
http://deposit.ddb.de/cgi-bin/dokserv?
idn=990691500&dok_var=d1&dok_ext=pdf&filename=990691500.pdf

Auch bei der Behandlung von Übelkeit während einer Chemotherapie hat sich Ingwer sehr bewährt, und das schon in sehr geringen Mengen von etwa 1 Gramm täglich (ONCOLOGY, vol.18 No.6, 15.6.2009):
http://www.cancernetwork.com/nausea-and-vomiting/article/10165/1422182?verify=0

d.) Ingwer zur Verbesserung der Verdauung und gegen Kotwasser und Durchfall

Viele Pferdehalter berichten über einen deutlichen Rückgang von Kotwasser und Durchfall nach Gabe von Ingwer. Eine international viel beachtete Untersuchung (J. Agric. Food Chem., 2007, 55(21), 8390 ff, frei als PDF im Internet unter http://pubs.acs.org/doi/pdf/10.1021/jf071460f) hat diese Beobachtung zumindest für Durchfallerkrankungen des Menschen, die durch das Enterotoxin eines bestimmten Escherichia coli Stammes verursacht werden, bestätigt. Durchfallerkrankungen durch diesen E. coli Erreger verursachen beim Menschen jedes Jahr ungefähr 380000 Tote! Einige Inhaltsstoffe im Ingwer verhindern demnach das Andocken des Giftes an Zellrezeptoren und dadurch auch den Durchfall. Wichtigster Wirkstoff hierfür scheint Zingeron zu sein, eine Substanz, die bei ungeeigneter Lagerung bei der Alterung von Ingwer entsteht. Demnach dürfte zur Behandlung von Durchfallerkrankungen ausnahmsweise alter Ingwer besser sein, als der üblicherweise zur Entzündungshemmung verwendete relativ neue! Eine weitere interessante Vermutung der Studie: Ingwer dürfte vermutlich auch auf Cholera positiv Einfluß nehmen, denn das Toxin von E. coli und von Choleraerregern ist zu 75 % identisch! (Leider hat diese an sich schöne Studie auch einen großen Pferdefuß! Sie ist mal wieder im „Elfenbeinturm der Wissenschaft" entstanden, macht nur umständliche Angaben zu Extrakten und gibt daher Landärzten in den Entwicklungsländern keine einfachen, konkreten Anweisungen, welchen Ingwer sie wählen und wie hoch sie ihn dosieren sollen!)

Zur Behandlung von Blähungen bei Pferden durch Ingwer hat die Tierheilpraktikerin Claudia Nehls die Beobachtung gemacht, daß die Wirkung lediglich ungefähr 8 Stunden anhält und dann erneute Gaben notwendig sind. Es könnte daher auch zur Behandlung von Durchfallerkrankungen vorteilhaft oder notwendig sein, Ingwer auf mehrere Mahlzeiten am Tag zu verteilen.

Ingwer verbessert auch allgemein die Verdauung. Diese für Gewürze allgemein vorhandene Wirkung wurde beim Menschen von Wissenschaftlern der Universität München genauer untersucht (Braun, Voland, Kunz, Prinz, Gratzl, Gastroenterology, Bd. 132, 2007). Mit großer Wahrscheinlichkeit gilt das Gefundene auch für das Pferd. Demnach finden sich in der Schleimhaut des Magen-Darm-Traktes überraschenderweise Sensorzellen mit Rezeptoren für einige Aromastoffe, die man sonst nur aus der Nase kannte und die dort zum Geruchssinn gehören. In der Magenschleimhaut führen die gefressenen Aromastoffe bei diesen Sensorzellen zu einem Anstieg der Kalziumkonzentration im Zellplasma und zur Produktion von Serotonin. Serotonin ist gemeinhin als „Glückshormon" bekannt und führt zu seelischem Wohlbefinden. Aber es fördert auch die Darmperistaltik und die Ausschüttung von Verdauungssäften.

Die beobachteten Wirkungen von Ingwer auf Verdauung und Wohlbefinden des Pferdes zeigen, daß offensichtlich auch das Pferd über solche sensorischen Zellen im Magen-Darm-Trakt verfügt. Und daß sich die Pferde bei Fütterung von Ingwer wohler fühlen, dürfte dann teilweise auf der Wirkung des „Glückshormons" Serotonin beruhen. Die Bezeichnung „Wohlfühldosis" ist demnach ziemlich wörtlich zu nehmen.

Daß Ingwer die Darmperistaltik positiv beeinflußt, ist vielleicht auch aus dem Fall eines Pferdes ersichtlich, daß im Jahr 2006 zu uns in den Stall kam und zuvor alle paar Wochen Koliken hatte (einschließlich zweier Operationen). Nach sehr behutsamem Anfüttern von Ingwer hat es bei uns seitdem (bis zur Drucklegung dieses Buches Anfang 2013) keine einzige Kolik mehr entwickelt, obwohl ihm ein gehöriges Stück Darm fehlt!

e.) Ingwer als Aphrodisiakum

In einigen Ländern gilt er als Aphrodisiakum beim Menschen. Eine solche Wirkung scheint zumindest bei Stuten gegeben zu sein: Ihre **Rosse wird verstärkt**, was den Einsatz bei problematischen Stuten in der Zucht sinnvoll machen könnte. Hierfür genügt schon eine halbe „Gelenkdosis", also etwa 1,5 bis 2 Gramm pro 100 Kilo Körpergewicht. Es sind mir zwei Stuten bekannt, die nach langjährigen vergeblichen Versuchen erst nach Ingwergabe trächtig wurden.
Für Hengste im Deckeinsatz liegen mir keine Berichte vor. Bei meinen Wallachen konnte ich aber keine „androgenen Effekte" beobachten.

f.) Lebensverlängernde Wirkung

In China wird Ingwer mit einem langen Leben in Verbindung gebracht. (Von dem chinesischen Philosophen Konfuzius (551 – 479 v. Chr.) ist bekannt, er habe jeden Tag und in jeder seiner Mahlzeiten Ingwer zu sich genommen. Und wenn er auch selbst dadurch nicht bis heute überlebt hat, so haben immerhin seine Weisheiten bis in unsere Zeit überdauert!)
Beim Pferd schätze ich die lebensverlängernde Wirkung auf **mindestens 1 bis 2 Jahre!** **Meerrettich** hilft, die Lebensdauer auf lebenswerte Weise noch **weiter zu verlängern!** (Siehe Teil B dieses Buches.)

g.) Ingwer gegen Krebs

Untersuchungen belegen für Ingwer bei Mäusen, denen menschliche Dickdarmkrebszellen gespritzt worden waren, eine deutliche hemmende Wirkung bei Darmkrebs! Diese Mäuse hatten 3 mal pro Woche je ein halbes Milligramm 6-Gingerol, eine der entzündungshemmenden Verbindungen des Ingwers, erhalten. (Veröffentlichung durch die American Association for Cancer Research am 28.10.2003)
Auch für den Menschen gibt es neuere Untersuchungen, die Ingwer eine Wirksamkeit z.B. gegen Eierstockkrebs bescheinigen (J.R.Liu, University of Michigan, April 2006). Dabei wurde festgestellt, daß Ingwer die Krebszellen nicht nur durch **Apoptose** tötet, sondern auch noch durch **Autophagie**. (Apoptose ist ein „Selbstmordprogramm" der Zelle, Autophagie oder Autophagocytose der programmierte Selbstabbau.)

Aufgrund bereits früherer Hinweise auf **antikarzinogene Wirkungen** habe ich seit Anfang 2003 die Wirkung von Ingwer auf **Melanome bei drei Schimmeln** näher beobachtet. Melanome eignen sich hierfür sehr gut, vor allem im Anfangsstadium, weil ihre Größe und Zahl äußerlich leicht erkennbar ist.

Bei Ingwerdosierungen unterhalb der Schwellenmenge (ich verwendete 1,5 bis 2 Gramm afrikanischen Ingwer mit einem Scharfstoffgehalt von mindestens 2% pro 100 Kilo Körpergewicht) nahm die Anzahl und Größe der Melanome immer noch zu, wobei ich nicht sagen kann, ob sie ohne Ingwer schneller zugenommen hätte. Nach Erhöhung der Dosis auf **3 bis 4 Gramm pro 100 Kilo Körpergewicht** hat sich dann offensichtlich das **Wachstum sehr stark verlangsamt**. Die oben für Gelenkerkrankungen genannte **Schwellenmenge** könnte also auch hier (für Melanome bei Schimmeln) als Schwellenmenge fungieren. Eine Pferdebesitzerin berichtet (als Nebeneffekt der Behandlung einer Hufrollenentzündung) sogar von einem Rückgang eines **Karzinoms** am Augenlid ihres Pferdes um etwa 2/3 bei Gabe von ungefähr 3 Gramm pro 100 Kilo Körpergewicht.

Die Dosis von 3 Gramm pro 100 Kilo Körpergewicht hat bei meinen Pferden auch ausgereicht, die Bildung von sogenanntem „**wilden Fleisch**" an Wunden deutlich zu reduzieren!

Wenn man dies auf Menschen übertragen kann, wäre dort (bei oraler Gabe ohne Schutzummantelung) mit Mengen von ungefähr 20 bis 30 Gramm pro 100 Kilo Körpergewicht zu rechnen (siehe hierzu weiter oben unter „Einsatz bei Mensch und Hund"). Bei einer 86-jährigen Patientin mit Non-Hodgkin Lymphom (einem Lungenkrebs) wurde seit Anfang 2005 unterstützend nach einer klassischen Chemotherapie eine Behandlung mit Ingwer (ungefähr 20 bis 25 Gramm täglich in Fruchtsaft) veranlaßt (G. Gennerich), und der Tumor war, was für diesen Fall sehr ungewöhnlich ist, dadurch offenbar auch noch nach 1 ½ Jahren im Griff. Eine ähnliche Kombination von klassischer Strahlen- oder Chemotherapie mit der gleichzeitigen Gabe handelsüblicher nichtsteroidaler Entzündungshemmer hat sich auch in neuer Forschung als wirksamer erwiesen als die klassischen Einzelbehandlungen (Trask, Bock, u.a., Molecular Carcinogenesis and Cancer Research, Juni 2007).

Keinen Einfluß des Ingwers in der bei Melanomen schon wirksamen Menge von 3 bis 4 Gramm pro 100 Kilo Körpergewicht habe ich hingegen bei einem bösartigen schnellwachsenden **Hämangiosarkom** in der Schlauchtasche meines alten Wallachs Waran feststellen können. Demnach ist die Wirkung des Ingwers nicht auf alle Arten von Wucherungen gleich.

Ab einer Dosis von **ungefähr 25 Gramm pro 100 Kilo Körpergewicht** hat Ingwer (in diesem Fall war es nigerianischer mit 1,6 % Scharfstoffgehalt) bei diesem Pferd aber auch das **Hämangiosarkom beseitigt**. Nach einer Woche bei 25 Gramm pro 100 Kilo Körpergewicht war es auf die Hälfte geschrumpft, wurde trocken, ließ sich dann abbinden und fiel dauerhaft ab, was zuvor nicht möglich gewesen war: nach einer Entfernung war es dann stets schnell wieder nachgewachsen! Der Ingwer wurde dann noch einige weitere

Wochen gegeben, und als seine Menge heruntergefahren wurde, blieb das Sarkom fort und kam nicht wieder!

Wenn die Wirkung des Ingwers auf Krebs bei Menschen, wie bei Gelenkentzündungen, ungefähr 7 mal schwächer wäre als beim Pferd, wären zur Behandlung eines aggressiven Krebses beim Menschen demnach Mengen von ungefähr 175 Gramm pro 100 Kilo Körpergewicht nötig. Das wäre oral kaum ohne Nebenwirkungen zu schaffen, auch wenn die Menge auf viele kleinere Dosen über den Tag verteilt aufgespalten würde! Anders sähe es wohl bei Einnahme des Ingwers in **magensaftresistenten Kapseln** aus, wodurch sich die Wirksamkeit des Ingwers (Ausschaltung der Zersetzung durch Magensaft) steigern ließe. Die dann **noch notwendige Dosis von 60 bis 85 Gramm** (die Verkapselung verbesserte nach eigenen Beobachtungen die Wirkung des Ingwers nur um den Faktor 2 bis 3)**, vielleicht auch weniger, pro 100 Kilo Körpergewicht** über mehrere Wochen oder Monate wäre durchaus noch verträglich, vor allem wäre sie wesentlich (!!!) **verträglicher als eine Chemotherapie und Bestrahlung**! (Für einen 70 Kilo schweren Menschen wären dies etwa 42 bis 60 Gramm, eventuell auch weniger, über den Tag verteilt.)

Wie stark sich die Dosierung des Ingwers durch Verwendung magensaftresistenter Kapseln herabsetzen ließe, läßt sich aber nicht genau vorhersagen, weil nicht bekannt ist, ob die gegen Krebs wirksamen Substanzen die gleichen sind, wie die entzündungshemmenden, und ob sie eine unterschiedliche Empfindlichkeit gegenüber dem Magensaft haben.

Was die Behandlung von Krebs betrifft, so zeigen übrigens auch hier Studien mit dem verwandten Wirkstoff Curcumin aus Gelbwurz (Kurkuma) eine sehr deutliche Wirkung bei Hautkrebs (D. Siwak, Cancer, August 2005). Außerdem verhindert Curcumin effektiv die Metastasenbildung bei Brustkrebs (Aggarwal, Clinical Cancer Research, Nr. 11, Bd. 20, 15.10.2005). Ein Grund hierfür dürfte die starke Hemmung auf die Vermehrung der Brustkrebs**stamm**zellen sein, die 2009 in einer Gewebekultur nachgewiesen wurde (Kakarala, Brenner u.a., Breast Cancer Research and Treatment). Die hierfür benötigten Konzentrationen betrugen lediglich mindestens 10 Mikromol pro Liter, das sind nur mindestens 3,7 Milligramm pro Liter.

Antitumorwirkung findet sich auch bei Darmkrebs (Clinical Cancer Research, 12, September 2006).

Auch für Aspirin® hat man eine antikarzinogene Wirkung gefunden (The FASEB Journal, 20, Oktober 2006 oder auch, speziell Leberkrebs betreffend, J. Natl. Cancer Inst., November 28, 2012). Der Wirkungsmechanismus dieses nichtsteroidalen Entzündungshemmers beruht wohl auf einer von der verabreichten Dosis abhängigen Verminderung der Bildung neuer Blutgefäße (Angiogenesehemmung) im Tumor (über Hemmung eines Signalmoleküls NFkappaB), wodurch der Tumor sozusagen verhungert. Der nichtsteroidale Entzündungshemmer Ingwer könnte also auch über diesen Wirkungsmechanismus verfügen, als Vielkomponentensystem aber vermutlich über mehrere. Die Art, wie sich das zuvor sehr stark durchblutete Hämangiosarkom bei meinem alten Wallach zurückentwickelte, deutet zumindest auf Beteiligung einer solchen Angiogenesehemmung hin. Für das 6-Gingerol, einen der Scharfstoffe des

Ingwers wurde die Angiogenesehemmung auch schon nachgewiesen (Biochemical and Biophysical Research Communications, Bd. 335 (2), 2005, S. 300ff).

Zu guter Letzt wurde nun auch für den Scharfstoff aus Chili, Capsaicin, eine starke tumorzellentötende Wirkung gefunden (T. Bates, The University of Nottingham). Sie beruht anscheinend auf der Zerstörung der Mitochondrien, der Kraftwerke der Krebszellen, ohne aber diejenigen der gesunden Nachbarzellen zu beeinträchtigen. In der Studie wurde auch gezeigt, daß die gesamte Gruppe der sogenannten „vanilloiden" Verbindungen, zu denen u. a. auch die Gingerole des Ingwers gehören, auf die gleiche Weise auf die Mitochondrien der Krebszellen wirken: Sie lösen letztendlich die Apoptose, den Selbstmord der Krebszelle aus (Bates, Biochemical and Biophysical Research Communications, 354 (1), 2.3.2007, S. 50ff).

Über die **allgemein stark hemmende Wirkung nichtsteroidaler entzündungshemmender Substanzen** auf die Entstehung und die Ausbreitung von Krebserkrankungen wurde in Spektrum der Wissenschaft, Ausgabe 4/2008, in einem ausführlichen Artikel („Bösartige Entzündungen") referiert. Es wird darin deutlich auf die Vorteile hingewiesen, die gut verträgliche entzündungshemmende Mittel auf die Krebsentstehung und -ausbreitung haben! Auch in einer Untersuchung von C. Söderberg-Nauclér u.a. (J. of Clinical Investig., 2011) wird darauf hingewiesen, daß viele Tumorzellen, anders als normale Zellen, aus ungeklärter Ursache das entzündungsfördernde Enzym COX-2 bilden und entzündungshemmende Substanzen daher zur Behandlung von Krebs einsetzbar sind.

Ingwer dürfte meines Erachtens aufgrund seiner guten Verträglichkeit eine besonders geeignete Substanz hierfür sein!

Hat Ingwer Nebenwirkungen?

Während Ingwer sich bereits seit Jahrtausenden beim Menschen als **Lebensmittel** bewährt, ist er nicht zu den pferdetypischen Futtermitteln zu zählen, an welche sich das Pferd im Laufe der Evolution angepaßt hat. Daher war auch wichtig abzuklären, ob sich nicht doch bei langfristiger Gabe im Laufe der Zeit **Nebenwirkungen** zeigen, auch wenn diese äußerlich noch nicht erkennbar sind. Abgesehen vom nun schon mehrjährigen Einsatz im Leistungssport, in dem sich Schwächen schnell gezeigt hätten, liegen solche Werte nun für die niedrigeren Dosierungen (bis ungefähr 4 Gramm pro 100 Kilo Körpergewicht) vor.

2, 3 und 4 Jahre nach Beginn der Ingwerfütterung an meinem alten Wallach hatte ich im Alter von 33, 34 und 35 Jahren große Blutbilder machen lassen: **Weder Niere noch Leber** hatten in dieser Zeit **Schäden** davongetragen! Das gleiche gilt für die Blutwerte meines englischen Vollblüters nach 1, 2, 3, 4, 5, 6, 7, 8 und über 9 Jahren Ingwerfütterung. Es gibt sogar Berichte von anderen Pferdebesitzern, daß Ingwer die **Leberwerte** ihrer alten Pferde **gebessert** habe.

Die einzige „Anomalie" in den Blutwerten, die ich bei Ingwerfütterung habe feststellen können, war die Absenkung des Cortisolwertes im Blut bei meinem englischen Vollblüter auf Werte eines sehr jungen Pferdes (auch noch mit jetzt fast 26 Jahren). Gleiches war bei einem Trakehner von 18 Jahren feststellbar, den ich zur Behandlung übernommen hatte. Dies erklärt den leichteren Fellwechsel, den auch ältere und alte „Ingwerpferde" vorzeigen. Erklärbar ist er dadurch, daß die entzündungshemmenden Substanzen des Ingwers einen Teil der entzündungshemmenden Funktion des Cortisols im Körper übernehmen, so daß der Körper nicht mehr so viel davon produzieren muß. Die Reduzierung des Blutcortisols dürfte auch mitverantwortlich sein für den positiven Einfluß auf das Equine Cushing, bei dem Cortisolwerte krankhaft erhöht sind. Interessant in diesem Zusammenhang ist, daß die Absenkung des Cortisols offenbar nicht linear mit der Dosis erfolgt, sondern einem Grenzwert zustrebt, der bei etwa 2 µg/dl (Normalwert 2,9 bis 9,1 µg/dl) zu liegen scheint, egal, ob 4 Gramm oder 15 Gramm pro 100 Kilo Körpergewicht gefüttert werden. Dieser Wert wird der Untersuchung zufolge auch spätestens nach einem Monat Fütterung erreicht. (Wenn zusätzlich hochdosiert Meerrettich gefüttert wird, sinkt der Cortisolspiegel allerdings noch etwas weiter bis auf Werte von etwa 1,4 µg/dl.)

Meine eigenen Blutwerte, von denen die meisten sowieso im grünen Bereich lagen, waren gemäß einer arbeitsmedizinischen Blutuntersuchung aus dem Jahr 2006 nach 3 Jahren täglicher Ingwereinnahme (3 Gramm bei 70 Kilo Körpergewicht) ebenfalls gleich geblieben oder um ungefähr 3 % besser geworden (im Vergleich zur vorhergehenden Untersuchung aus dem Jahr 2003). Eine drastische Verbesserung gab es beim **Bilirubin**, dem einzigen meiner Blutwerte, der über viele Jahre stark von der Norm abwich (**Morbus Meulengracht**, die „unbedeutendste Krankheit der Welt", ein Befund, den ungefähr 5 % der Bevölkerung ohne gesundheitliche Nachteile aufweisen). Üblicherweise lag er ständig bei 1,5 bis 2,3 mg/dl, also deutlich über der Norm, die Werte bis 1,1 mg/dl als normal ansieht. Der Wert lag nun nach 3 Jahren Ingwer bei nur noch 0,77 mg/dl und damit erstmalig im Normbereich! Gleichzeitig erhöhte sich der Hämoglobingehalt des Blutes etwas (Bilirubin entsteht in der Leber aus Hämoglobin durch Abbau). Es ist aber auch möglich, daß diese drastische Verbesserung durch Meerrettich hervorgerufen wurde, den ich im Zeitraum von einem Jahr vor der Blutwertbestimmung zu mir nahm (10 bis 12 Gramm alle 2 Tage).

Ingwerpaste gegen Koppen von Pferden

Daß viele Pferde den Geruch von Ingwer in konzentrierter Form nicht mögen, läßt sich übrigens vorteilhaft ausnützen, um sich selbst kostengünstig eine **Paste** zur Anwendung bei Koppern herzustellen, die nicht die gesundheitsschädliche Wirkung käuflicher Pasten besitzt: Hierzu verrührt man (je nach „Ingwerliebe" des Tieres) etwa 50 Gramm gemahlenen **Ingwer** in 100 Gramm nur leicht erwärmter **Vaseline** (Drogeriemarkt) und läßt wieder erkalten. Meistens muß man diese Creme alle paar Tage auf die Oberflächen dick auftragen, auf denen das Tier mit den Zähnen aufsetzt. Prinzipiell kann man hierfür auch feste Pflanzen- oder Tierfette verwenden, doch dürfen diese eben nicht mit der Zeit ranzig werden.

Ingwerdosierungen bei unterschiedlichen Erkrankungen (Tabelle)

Die Tabelle faßt einige der Beobachtungen zur Fütterung von Ingwer an Pferde zusammen (getrockneter Ingwer von afrikanischer Herkunft oder asiatischer Ingwer mit mindestens 2 % Scharfstoffgehalt).

	bei weniger als 3 Gramm pro 100 Kilo Körpergewicht	ab ungefähr 3 Gramm pro 100 Kilo KG	ab ungefähr 6 bis 10 Gramm pro 100 Kilo KG
Gelenkschmerzen und -entzündungen allgemein	-	+	+
Weichteilschmerzen und Entzündungen (Sehnen, Bänder, Muskeln)	-	-	+ (meistens ab 10 bis 12 Gramm pro 100 Kilo Körpergewicht)
Hufrolle (Podotrochlose)	-	+ (leichte Form)	+ (manchmal bis 20 Gramm pro 100 Kilo Körpergewicht nötig!)
Durchfall/Kotwasser	häufig +	häufig +	häufig +
Wirkung gegen Würmer (natürlich ernährte Pferde), Unterstützung durch gleichzeitige Meerrettichgabe möglich	+ (binnen 3 bis 6 Wochen, außer Bandwürmer!)	+ (außer Bandwürmer!)	+ (außer Bandwürmer!)
Augenentzündungen	-	+	+
Krebs: Melanome (ebenso „wildes Fleisch") aber: Hämangiosarkom (evt. Equine Sarkoide)	- / -	+ starke Verlangsamung / -	+ / + (Rückgang ab ungefähr 25 Gramm pro 100 Kilo KG)
Sommerekzem	-	-	? (Widersprüchliche Berichte)

Headshaking	-	-	- (Widersprüchliche Berichte)
Nervenschmerzen (besser durch eine Kombination aus Ingwer als Entzündungshemmer und reinem Schmerzmittel, z.B. Traumeel®, bekämpfen)	-	-	- (leichte Wirkung ab ungefähr 30 Gramm pro 100 Kilo KG, u.U. 80 Gramm pro 100 Kilo KG nötig!)
Überbeine (nicht zu alt)	(+, langsam)	+	+
Hufrehe	+ (leichte Form)	+	+
Schleimverflüssigung bei Nebenhöhlenentzündung	(+)	+	+
Schleimverflüssigung Lunge	-	-	+ (ab ungefähr 25 Gramm pro 100 Kilo Körpergewicht)
Keimtötende Wirkung	-	-	+ (anscheinend beginnend ab ungefähr 25 Gramm pro 100 Kilo KG)

Kurkuma als Ingwerersatz?

Dem Wirkstoff und gelben Farbstoff **Curcumin** aus Kurkuma (Gelbwurz, einem Ingwergewächs) wird, wie den Gingerolen und Shogaolen, eine **schmerz- und entzündungshemmende Wirkung** nachgesagt. In den letzten Jahren wird daher in zahlreichen Untersuchungen über ihn geforscht. Kurkuma hat aber verglichen mit Ingwer mehr Nebenwirkungen, z.B. erzeugt er in größeren Mengen beim Menschen Übelkeit. Daher habe ich auch nur wenige Versuche mit ihm durchgeführt.

Auffallend war dabei, daß Kurkuma in größeren Mengen (ungefähr 15 Gramm pro 100 Kilo Körpergewicht) anscheinend den Blutdruck relativ stark senken kann und dies schon recht kurz (halbe Stunde) nach der Verabreichung, so daß das Pferd weniger sicher steht, sich sogar hinlegt und dann auch schlechter wieder aufstehen kann, was bei Pferden nicht erwünscht ist. Eine solche Wirkung ist bei Ingwer, auch in sehr hoher Dosierung, überhaupt nicht zu beobachten, weshalb man meiner Ansicht nach daher beim Ingwer bleiben und die Finger von Kurkuma lassen sollte. (Für Ingwer wird beim Menschen allerdings auch eine moderate blutdrucksenkende Wirkung beobachtet!)

Wer allerdings ein Pferd mit Entzündungen hat, welches durch Fütterung von Ingwer „heiß" wird, könnte einmal als Alternative Kurkuma oder eine Mischung von Ingwer und Kurkuma ausprobieren.

Auch für Menschen mit Bluthochdruck könnte es interessant sein, den Versuch an sich selbst durchzuführen, wobei aber ein Problem, außer einer vermutlich hohen Dosierung, natürlich die recht kurze Wirkungsdauer sein könnte, die sehr häufige Gaben über den Tag verteilt erforderte. Hier könnte unter Umständen eine gröbere Form, die vom Körper langsamer ausgewertet wird, helfen.

Häufig gestellte Fragen

Viele sagen, ich solle mein altes Pferd „erlösen", weil ich es nicht mehr nutzen könne, und mir lieber ein neues kaufen. Dabei ist es noch geistig rege und lebensfroh! Soll ich mein altes Pferd am Leben erhalten???

Diese Frage wird eigentlich so gut wie nie offen gestellt, aber es ist sicher die am häufigsten gedachte!

Über das moralische „Was du nicht willst, das man dir tu', das füg' auch keinem andern zu!" hinaus gibt es aber weitere Gründe, weshalb man alte Pferde nicht einfach „erlösen" oder aus Bequemlichkeit „beseitigen" sollte, wenn sie noch Lebensfreude haben.

Man kann nämlich sehr viel durch die Pflege eines alten Pferdes und den Umgang mit ihm lernen, auch für sich selbst!!! (Viel mehr als mit jungen Pferden, die Fehler im Umgang viel besser gesundheitlich wegstecken können!)

Es ist bei Pferden nicht anders als bei Menschen: Alle werden älter und dadurch auch weniger beweglich. Dennoch haben auch alte Menschen noch Lebensfreude und werden nicht einfach eingeschläfert! Der Mensch lernt mit den Jahren, auch mit weniger Gesundheit immer noch hinreichend zufrieden zu sein. (So, wie man sich selbst ja auch an schlechtere äußere Verhältnisse anpassen kann und lernt, mit ihnen zu leben.)

Ähnlich ist es bei Pferden. Pferde und Menschen unterscheiden sich darin nicht sehr voneinander. Dabei sind Pferde „Sensortiere", die schneller und stärker auf ungeeignete Nahrung oder falsche Behandlung reagieren, als Menschen (daher stehen in den Ställen ja auch so viele kranke Pferde).

Wenn man durch Beobachtung lernt, durch welche (darüber hinaus auch noch sehr einfachen) Prinzipien man in der Lage ist, ein altes Pferd lange gesund und lebensfroh zu halten, so wird man damit später auch bei sich selbst Erfolg haben: Gesunde, abwechslungsreiche, artgerechte und der Entwicklungsgeschichte des Tieres entsprechende Ernährung, ausreichende und dem Alter angepaßte Bewegung, ein zum Körperbau und Alter passendes Körpergewicht und Sozialkontakte.

(Es sind übrigens auch beim Menschen nur zum kleineren Teil die Ärzte, die die Lebenserwartung in den letzten 100 Jahren so deutlich gesteigert haben. Vor über 2000 Jahren im alten Griechenland war sie nämlich auch nicht wesentlich niedriger als heute! Lebensstil, Hygiene (nicht übertrieben!) und Ernährung machen den größten Teil davon aus.)

Beim alten Pferd ist die Kontrolle und Pflege der Zähne durch einen Fachmann/Fachfrau besonders wichtig. Es muß auch darauf geachtet werden, daß das Tier nicht unter Streß steht, wie es leider bei Gruppenhaltung auf zu kleinen Flächen häufig zu beobachten ist. Alte Tiere sollten nur mit „Freunden" zusammen sein, oder die Flächen sollten sehr groß sein. Alte Tiere müssen sich auch sicher fühlen, um sich oft genug hinlegen zu können, sonst werden sie schnell schwach. Alte Pferde nutzen häufig gerne die Möglichkeit, sich mittags in der Sicherheit einer Box hinzulegen, wenn sie es können. Dies gibt ihnen wieder Kraft für den Nachmittag. Eine weich eingestreute Box bietet dem alten Pferd in der Nacht mehr Möglichkeit zu liegen, als Flächen in einem Gemeinschaftsstall. Pferden, die Probleme mit dem Aufstehen haben, fällt dies auf einer Matratzeneinstreu leichter als in den eigentlich für die Atmung gesünderen, sauber gemisteten Boxen, auf deren hartem Boden sie leicht wegrutschen und sich dann aus Angst nicht mehr hinlegen. (Neue Untersuchungen von 2012 zeigen überdies, daß korrekt angelegte Matratzeneinstreu aufgrund der in diesen herangezüchteten Bakterien, die Ammoniak verstoffwechseln, gesünder ist, als falsch angelegte übliche Einstreu!) Eindecken hält die Muskeln warm und die Pferde werden nicht so schnell steif. Auch nehmen sie dann nicht so schnell an Gewicht ab.

Wenn man aber seinem Pferd dauerhafte Schmerzen und Krankheiten nicht mehr auf einfache Weise nehmen kann (z.B. durch Ingwer und Meerrettich oder andere einfache Behandlungen), es nicht mehr lebensfroh ist und keine Hoffnung besteht, es wieder zu werden, wenn nur noch der Tierarzt im Stall ein- und ausgeht, dann sollte man es auch meines Erachtens erlösen. Dies ist dann eine echte Erlösung. Ich glaube, keiner von uns möchte eigentlich in einem Pflegeheim dahinsiechen und dabei einen langsamen Tod sterben.

Mein Pferd mag keinen Ingwer! Was kann ich tun?

Dieses Problem taucht immer wieder auf (vor allem bei Pferden, die in Offenstallhaltung ständigen Zugang zu Futter haben und nicht über den nötigen „Kohldampf" verfügen, auch befremdlich schmeckendes Futter zu sich zu nehmen). Pferdehalter haben hier schon viel ausprobiert. Folgende Möglichkeiten wurden herausgefunden (ohne Anspruch auf Vollständigkeit; der Phantasie des Pferdehalters sind auch keine Grenzen gesetzt):

a.) Fütterung in **eingeweichten Heu-/Wiesencobs (bzw. Wiesenflakes)**, die die **Schärfe und den Geruch deutlich reduzieren.** (Dies ist sowieso die bevorzugte Fütterungsvariante.) Die Heu-/Wiesencobs sollten nicht triefen, sondern nur ungefähr die Konsistenz von feuchter Blumenerde aufweisen, dann werden sie von den meisten Pferden besser akzeptiert! Der Saft hat nämlich stärkeren und schnelleren Kontakt zu den Schleimhäuten, wohingegen die ins Faserinnere aufgenommene Substanz dem Geschmackssinn entzogen ist. Pferde, die keine eingeweichten Heu-/Wiesencobs mögen, sollte man erst einmal an aromatisch riechende, trockene, geschredderte Heu-/Wiesencobs bzw. Wiesenflakes ohne Ingwer gewöhnen, und erst, wenn diese mit Appetit gefressen werden, damit beginnen, diese mit mehr und mehr Wasser zu versetzen und schließlich nach dieser Gewöhnung den Ingwer in steigender Menge zuzusetzen. **Zugabe und Unterrühren des Ingwers** schon **vor Ende des Einweichens verbessert die Akzeptanz** weiter.

Es ist von großem Nutzen, Pferde schon **an Ingwer** zu **gewöhnen**, wenn man eigentlich noch gar keinen geben müßte, denn dann hat man später im Ernstfall nicht mehr das Problem der Gewöhnung oder gar überhaupt der Akzeptanz und kann sofort eine therapeutische Dosis verabreichen.

b.) Ingwer in gröberer Form verfüttern, dessen relative Oberfläche geringer ist, als in der fein gemahlenen Form und der daher **weniger riecht und schmeckt**. Dies ist vor allem bei **Hunden** öfter nötig, um auf die für diese Tiere (körpergewichtsbezogen) wesentlich höhere notwendige Dosis zu kommen.

c.) Fütterung in **eingeweichten Luzernecobs**, die manche lieber mögen als Heucobs. Dabei ist zu beachten, daß Luzerne sehr kalziumreich ist und knochenstärkend wirkt, aber eben im Übermaß auch Verknöcherungen begünstigen kann! Das Kalzium-/Phosphorverhältnis der Gesamtration darf nicht ungesund werden! Nun ist aber die Futterration der meisten Warmblüter durch die Getreideanteile eher phosphorreicher, so daß Luzerne dies sogar teilweise ausgleicht. Ein halbes Kilo Luzerne am Tag sollte für die allermeisten Warmblüter daher völlig unkritisch sein!

d.) Aufteilung der Ingwermenge **auf mehrere Portionen** über den Tag im Kraftfutter

e.) Gleichzeitige Gabe von **Obstschnitzeln**, besonders **Zitrusfrüchten; zerdrückte Bananen, geriebene Äpfel oder Möhren** scheinen Geschmack und Geruch auch sehr gut zu überdecken. **Leinsamenschleim** (z.B. auch in eingeweichten Heu-/Wiesencobs) macht mäkeligen Pferden den Ingwer auch schmackhaft.

f.) Zusatz von **Bierhefe**; vor allem, wenn das Pferd den Bierhefegeruch schon kennt

g.) Zusatz von **Apfelsaft** oder **Orangensaft**

h.) Das Pferd **erst an frisch geriebenen Meerrettich gewöhnen**, den die meisten Pferde lieben, und dann **unter dem Deckmantel des Meerrettichs langsam steigernd** mit der **Ingwerfütterung beginnen** und nach Erreichen der nötigen Dosis die Meerrettichmenge langsam zurückfahren

i.) Erst einmal **frischen, saftigen Ingwer** (als Wurzel) verfüttern, um das Pferd an den Geschmack zu gewöhnen. Der frische wird deutlich besser akzeptiert, ist aber eben teurer (man bezahlt das darin enthaltene Wasser mit!) und meistens in der Qualität deutlich schlechter und ungleichmäßiger.

j.) Eine kreative Besitzerin eines "Mäkelponys" hat erfolgreich folgendes ausprobiert: Sie mischte 50 Gramm Ingwerpulver mit 500 Gramm zu einem dicken Brei angefeuchteten Haferflocken, mischte noch Süßstoff dazu (wegen der Zähne) und trocknete dann diese Masse ausgestrichen auf einem Blech auf dem Kachelofen (geschätzte 50°C). Diese trockenen **Hafer/Ingwerkekse** mochte ihr Pony dann sehr gerne!
Bei der angegebenen Temperatur dürfte die Wirksamkeit des Ingwers auch noch nicht oder noch nicht stark nachlassen. Statt Süßstoff würde ich aber einmal Rosinen ausprobieren, weil diese (zumindest beim Menschen) nicht nur – wie der Süßstoff - keine schädigende Wirkung auf die Zähne haben, sondern sogar, trotz ihrer Süße, antibakteriell auf Kariesbakterien wirken! Außerdem dürfte sich durch Verwendung

einer gröberen Ingwerform die Ingwerkonzentration in den Keksen noch steigern lassen.

Als Süßungsmittel könnte auch Süßholz verwendet werden oder Fruchtzucker.

k.) Sehr einfach und sehr häufig erfolgreich ist auch das Untermischen von **Fruchtzucker** (Fructose) unter die eingeweichten Heu-/Wiesencobs. Fruchtzucker (Diabetikerzucker) erhöht, anders als konventioneller Zucker oder Traubenzucker, nicht den Blutzuckerspiegel und erzeugt dadurch auch **keine Insulinschübe.** Das Hormon Insulin ist nämlich auch eine körpereigene Verbindung, die im Übermaß Entzündungen fördert! Pro Gramm Ingwer sind bei mäkeligen Pferden 1 bis 2 Gramm Fruchtzucker empfehlenswert. Bis zu 100 Gramm Fruchtzucker täglich sind für ein Großpferd als völlig unkritisch anzusehen. Diese sind z.B. auch schon in einem reichlichen Kilo süßer Äpfel enthalten!

l.) Wenn alles nichts fruchtet: Aufschlämmen des Ingwers in gutem Speiseöl (z.B. Distelöl) oder Wasser/Fruchtsaft und Einflößen der Mischung über eine Spritze/Spender direkt ins Maul (ähnlich wie bei Wurmkur). (Öl ist vermutlich besser, weil Fett allgemein Schärfe etwas bindet.) Das Pferd gewöhnt sich nach einer Weile daran, die scharfe Mischung zu bekommen. Gleichzeitig sollte man aber versuchen, den Ingwer schon in sehr kleiner Menge unter das Futter zu mischen (Methoden z.B. wie weiter oben beschrieben) und diese Menge **sehr** langsam zu steigern. Wenn das Pferd merkt, daß der Ingwer ihm gut tut, wird es ihn in den meisten Fällen nach einiger Zeit auch im Futter akzeptieren.

Kann man Ingwer auch an trächtige Stuten verfüttern oder auch schon an solche, die erst noch gedeckt werden sollen, und welchen Einfluß hat die Milch einer solchen „Ingwerstute" auf ihr Fohlen?
Hierzu sind mir noch nicht viele Erfahrungswerte bei Pferden bekannt. Studien am **Menschen** zeigen aber, daß er dort **nebenwirkungsfrei** ist (Obstetrics & Gynecology 2005 (105), S. 849-856).
Renaissance Fleurs Mutter Regatta hatte bereits 2005 ein sehr vitales „Ingwerfohlen" (Rossini) zur Welt gebracht, welches Ingwermilch trank und dabei prächtig gedieh. Sie erhielt damals ungefähr 3 Gramm Ingwerpulver pro 100 Kilo Körpergewicht, wegen ihrer Melanome. Ein Jahr darauf hat auch Renaissance Fleur ohne Probleme ein Stutfohlen (mit Namen Roulette, vom Hengst Summertime) bekommen, das sich ebenfalls unter Ingwermilch prächtig entwickelte. Renaissance Fleur erhält wegen ihrer unfallbedingten Arthrose im steifen rechten Fesselgelenk ebenfalls 3 Gramm Ingwerpulver pro 100 Kilo Körpergewicht. (Regatta, Renaissance Fleur und Roulette sind, gemeinsam mit ihrer Besitzerin, auf dem Buchumschlag zu sehen.) 2008 bekam Renaissance erneut ein schönes Stutfohlen (diesmal von Kaiser Wilhelm), das den Namen Reminiscence erhielt. Und 2010 folgte wieder ein prächtiges Stutfohlen namens Residence (diesmal von Hibiskus).

Ein anderer Pferdehalter gab seiner Stute seit der Bedeckung sogar 10 Gramm pro 100 Kilo Körpergewicht ohne Probleme. Eine hochklassige S-Springstute in einem Nachbarstall erhielt vor, während und nach der Trächtigkeit 4 bis 5 Gramm Ingwer pro 100 Kilo Körpergewicht sowie 30 Gramm Meerrettich pro 100 Kilo Körpergewicht und das Stutfohlen entwickelte sich ebenfalls prächtig.

Meine Erwartung ist, daß „Ingwerfohlen" sich sogar besser entwickeln und „härter" sein sollten, als solche, die mit Futterzusatzstoffen „getrieben" werden, weil der Ingwer die Verdauung positiv beeinflußt und die Parasiten niederhält. Aber erst die kommenden Jahre, wenn solche Pferde in den Sport gelangen, werden zeigen, ob sich das bewahrheitet. Zumindest Renaissance Fleurs Nachkommen wurden alle schon prämiert!

Mein Pferd hat Gelenkarthrose und ich füttere schon 4 Gramm pro 100 Kilo Körpergewicht und sehe, trotz Schonung (!) des Pferdes, immer noch keinen Erfolg. Was kann ich tun?

Wenn der Ingwer von guter Qualität ist (afrikanisch oder/und mit mindestens 2 % Scharfstoffgehalt), dann ist es in diesem Fall sehr wahrscheinlich, daß die Diagnose nicht vollständig oder falsch gewesen ist und der Grund der Lahmheit ein anderer oder ein zusätzlicher ist. Wenn ein Gelenk in Mitleidenschaft gezogen ist, sind nicht selten auch umliegende „Weichteile" (Sehnen, Bänder) betroffen, bei denen wesentlich höhere Ingwerdosen notwendig sind. Es empfiehlt sich daher die Dosis weiter zu steigern, bis eine deutliche Wirkung eintritt (häufig ungefähr bei 10 bis 15 Gramm pro 100 Kilo Körpergewicht). Diese Dosis behält man dann einige Wochen bei (in der Hoffnung, daß in dieser Zeit die überlagerte Weichteilentzündung stark abklingt), bevor man einen ersten Versuch macht, die Dosis wieder zu senken. Eine Senkung der Dosis findet am günstigsten bei kühler Witterung statt.

Wenn Ingwermengen von 15 Gramm pro 100 Kilo Körpergewicht trotz Schonung des Pferdes noch keine deutliche Besserung gebracht haben, ist es wahrscheinlich, daß Nervenschmerzen (z.B. eingeklemmter Nerv im Rücken) beteiligt sind. In diesem Falle ist es sinnvoll, zusätzlich zu Ingwer, der hauptsächlich ein entzündungshemmendes Mittel darstellt, einige Zeit lang noch ein reines Schmerzmittel zu geben. Eine gute Wahl ohne Nebenwirkungen ist meiner Meinung nach in diesem Fall Traumeel® in hoher Dosierung im Futter oder in wenig Honig mit der Maulspritze direkt ins Maul verabreicht (ungefähr 100 Tropfen, entsprechend ungefähr 5 Milliliter, pro 100 Kilo Körpergewicht). Eine weitere Möglichkeit, zusätzlich zum Entzündungshemmer Ingwer, ist Novalgin® (Novacen®, Metamizol) in einer Dosierung von ungefähr 10 bis 12 Milliliter pro 100 Kilo Körpergewicht im Futter.

Da sich ein **eingeklemmter Nerv** nicht selbstverständlich von selbst wieder befreit, rate ich im übrigen, das Pferd in einem solchen Fall unbedingt auch von einem **Osteopathen** behandeln zu lassen!

Ein anderer Grund dafür, daß Ingwer auch bei einer hohen Dosierung nur eine geringe Wirkung zeigt, ist ein **Hufgeschwür/Hufabszess**! (Hufgeschwüre reagieren im übrigen auch auf herkömmliche Schmerzmittel des Tierarztes schlecht!) In diesem Fall ist es notwendig, dieses zu finden und zu öffnen! Auch schmerzhafte **tiefliegende Strahlfäule**, bei der die Huflederhaut offen liegt, reagiert kaum auf Ingwer! Ein deutlicher Hinweis, daß im Huf eine Öffnung zur Huflederhaut besteht, ist eine beobachtete Emfindlichkeit auf Wasser Im Sohlen-/Strahlbereich. Auch hier muß vor allem die Ursache schnell beseitigt werden!

Zuckerhaltige Futtermittel und solche mit sehr leicht verwertbaren Kohlenhydraten (z.B. Brot!) verringern ebenfalls die Wirksamkeit des Ingwers, weil sie offenbar Entzündungen fördern (u. U. durch eine erhöhte Insulinausscheidung)! Bei Pferden mit Equinem Metabolischem Syndrom ist dies daher vermutlich besonders stark der Fall. Fruchtzucker, den ich weiter oben als Mittel vorgestellt hatte, Ingwer mäkeligen Pferden schmackhafter zu machen, scheint hingegen manchmal sogar die Wirksamkeit geringfügig zu steigern.

Ist Ingwerfütterung Doping?
Siehe hierzu das Kapitel: Ingwer und Doping

Ich möchte mein Pferd mit Ingwer entwurmen. Was muß ich beachten?
Die bisherigen Erfahrungen besagen, daß bei leichter Verwurmung schon eine Menge von 1,5 bis 2 Gramm Ingwer pro 100 Kilo Körpergewicht über 3 Wochen ausreichend ist. Bei starker Verwurmung sind es ungefähr 6 Wochen. Die Untersuchungen fanden an 15 natürlich ernährten Pferden (kein angereichertes Fertigfutter!) statt, und alle waren nach der Behandlung laut Kotprobe wurmfrei. (Für Schafe und Hunde gibt es bereits klinische Studien zur sanften und erfolgreichen Entwurmung mit Ingwer (Iqbal u.a., J. Ethnopharmacol., 2006, 106, S. 285ff).) Spätere Untersuchungen in den Jahren 2010 bis 2012 geben nun ein etwas differenzierteres Bild: Es wurden Kotproben am Institut für Parasitologie und Tropenmedizin in München auf 18 unterschiedliche Wurmarten untersucht, und der Ingwer scheint alle diese Würmer bis auf eine Ausnahme zu vertreiben: Bandwürmer! Gegen Bandwürmer sollte man daher bei Feststellung eines Befalles ein spezifisch wirkendes Mittel verabreichen. Ein solches Mittel ist Praziquanteel, welches z.B. als Einzelpräparat in Droncit® enthalten ist.

Ob unter Umständen sehr hohe Dosierungen von Ingwer auch die Bandwürmer vertreiben, habe ich bislang noch nicht untersucht. Die bisherigen Untersuchungen erstreckten sich nur auf langfristige Dosierungen bis zu 5 Gramm pro 100 Kilo Körpergewicht.

Die beschriebenen Beobachtungen beziehen sich dabei auf afrikanischen Ingwer oder solchen mit hohem Gehalt an Scharfstoffen (mindestens 2 %) und ätherischen Ölen (ungefähr 2 %). Es ist aber nicht gesagt, daß nicht anderer Ingwer besser (aber eben auch schlechter) sein kann, falls nämlich ganz andere Inhaltsstoffe für die Anti-Wurm-Wirkung verantwortlich sein sollten. Es liegen dazu aber leider noch keine Erfahrungswerte vor.

Auf jeden Fall sollte man aber sicherheitshalber nach der Ingwerbehandlung eine Kotprobe machen lassen, weil mir Fälle gemeldet wurden, bei denen der Ingwer nicht ausgereicht hat. Solche Fälle gibt es aber auch bei konventionellen Wurmkuren. Ingwer ist ein mild wirkendes Mittel, was man schon daran erkennen kann, daß er eine relativ lange Zeit für seine Wirkung benötigt (er ist ja auch ein Lebensmittel und kein Gift!).

Wenn Würmer in bestimmten Pferden besonders günstige Lebensbedingungen vorfinden (z.B. durch bestimmte Zusatzstoffe im Fertigfutter: Vitamin A könnte hier eine Hauptrolle spielen) oder wenn die ständige Aufnahme von neuen Wurmeiern sehr hoch ist, könnte die anthelminthische Wirkung des Ingwers daher vielleicht manchmal nicht ausreichen, um sich gegen solche „wurmförderlichen" Bedingungen durchzusetzen. Vermutlich dürfte in solchen Fällen aber eine zusätzliche Gabe von antibiotisch wirkendem Meerrettich (20 bis 25 Gramm pro 100 Kilo Körpergewicht) über etwa eine Woche die antiparasitäre Wirkung verstärken. Bei der beim Menschen durch Würmer ausgelösten Krankheit Elephantiasis (The Lancet, 365, Mai 2005), ebenso wie bei Wurmerkrankungen an den Augen, ist z.B. bekannt, daß diese gut mit Antibiotika behandelt werden können, weil diese für das Überleben des Wurms notwendige Bakterien in dessen Darm abtöten. Eine solche Therapie bekämpft zudem, im Gegensatz zu vielen üblichen Wurmmitteln, nicht nur die Larven, sondern auch die erwachsenen Würmer selbst.

Mein Pferd ist jung und hat eigentlich nichts. Kann oder soll ich trotzdem dauerhaft Ingwer „vorbeugend" füttern?

Wenn das Pferd jung und gesund ist, würde ich persönlich es nicht tun, weil ich der Ansicht bin, daß man sich selbst das Leben nicht unnötig kompliziert machen sollte. „Ein Pferd braucht Heu, Hafer, Stroh und Kochsalz!" sagte wohl einmal der Professor meines früheren Tierarztes etwas provokativ zu seinen Studenten. Nun ja, Gras sollte dann natürlich auch noch dabei sein.

Da außerdem die Leistungsbereitschaft des Pferdes unter Ingwer ansteigt (wie man auf den Rennbahnen beobachten konnte), ist bei weniger erfahrenen Pferdehaltern zudem zu befürchten, daß das Tier dann auch dauerhaft stärker belastet wird, als ihm gut täte, und damit die positiven Wirkungen wieder beseitigt oder sogar überkompensiert würden.

Ist das Pferd aber schon älter oder hat das jüngere Pferd bereits gesundheitliche Probleme (die einigermaßen sicher diagnostiziert sind), so sollte man meines Erachtens nicht lange zögern und Ingwer geben. In den Anfängen lassen sich viele Verschleißkrankheiten noch viel besser und schneller behandeln und sogar umkehren, als wenn der Schaden schon groß ist.

Auf jeden Fall finde ich es sinnvoll, **alle (!)** Pferde, ob jung oder alt, schon frühzeitig und in aller Ruhe an den Geschmack von Ingwer zu gewöhnen! Denn dann hat man im Fall des Falles später nicht mehr mit Akzeptanzproblemen zu kämpfen, sondern kann die Dosis sehr schnell auf die erforderliche Menge steigern! (Das gleiche gilt für Meerrettich!)

Auch eine Gewöhnung an eingeweichte Heu-/Wiesencobs als gutes und gesundes „Versteck" für den Ingwer ist aus diesem Grunde sinnvoll. Sobald das Pferd die eingeweichten Cobs gerne akzeptiert, kann man sie dann wieder weglassen, bis man sie einmal zum Verfüttern von Ingwer wieder benötigt.

Wirkt Ingwer bei allen Pferden?

Nach den Beobachtungen an von mir selbst betreuten Tieren hat der Ingwer bisher in allen Fällen gewirkt, WENN (!) Entzündungen von Gelenken oder Weichteilen die Ursachen der Beschwerden waren und die Besitzer den Ingwer in der für die Behandlung des betreffenden Leidens (!) nötigen Menge gegeben haben und nicht vorher aufgehört hatten, weil sie selbst ihn für ihre Pferde für zu scharf hielten. Dabei muß berücksichtigt werden, daß manchmal erst beim Anfüttern des Ingwers herauskommt, ob es sich um eine reine Gelenkentzündung oder zusätzlich eine Weichteilentzündung handelt. Im ersten Fall beträgt die Dosis, ab der eine plötzliche deutliche Besserung einsetzt, um die 3 Gramm einer guten Qualität pro 100 Kilo Körpergewicht (die individuelle Spanne dürfte zwischen 2 und 4 Gramm liegen). Die plötzliche Besserung setzt dann mit 1 ½ bis 2 Tagen Verzögerung ein, nachdem die Schwellenmenge erreicht oder überschritten wurde, benötigt also keine Wochen. (Es handelt sich von der Art her um eine klassische Medikamentenwirkung, nur besser auf den Körper abgestimmt als die eines Monowirkstoffs: ähnlich, wie eine Hand besser greifen kann, als ein einzelner großer Finger.)

Im zweiten Fall der reinen Weichteilentzündungen (Sehnen, Bänder, Muskeln) liegt die Schwellenmenge um die 10 bis 12 Gramm (manchmal auch 15 Gramm) pro 100 Kilo Körpergewicht und Tag. Allerdings weiß ich von einem 700-Kilopferd, welches für die Behandlung seiner Hufrolle eine tägliche Gesamtmenge von 120 Gramm Ingwer am Tag benötigte, also fast 20 Gramm pro 100 Kilo Körpergewicht.

Reichen 4 Gramm pro 100 Kilo Körpergewicht nicht aus, so kann man sehr sicher sein, daß es sich um keine reinen Gelenkentzündungen mehr handelt.

Bei einer einsetzenden Wirkung im „Graubereich" von 4 bis etwa 8 g pro 100 Kilo Körpergewicht kann man davon ausgehen, daß es nur eine leichtere Reizung der Weichteile ist, z.B. eine Sehne, die an einer kleinen Verknöcherung reibt, aber nicht oder noch nicht stark entzündet ist.

Bei starken reinen **Nervenreizungen** (z.B. eingeklemmter Nerv), **Nervenschädigungen** und auch bei **Muskelfaserrissen reicht die Kraft des Ingwers aber nicht aus**, um den daraus resultierenden Schmerz deutlich zu lindern. **Ingwer ist fast ausschließlich Entzündungshemmer** und nur wenig ein direkter Schmerzhemmer! Die notwendige Dosierung liegt hier dann bei 60 oder mehr Gramm pro 100 Kilo Körpergewicht und übersteigt damit die Akzeptanz der allermeisten Pferde. (Allerdings helfen in solchen Fällen beim Menschen oft sogar Opiate nicht mehr!). (Im Falle eingeklemmter Nerven sollte daher immer ein Osteopath zusätzlich herangezogen werden!)

Zusätzlich zur Gabe des Ingwers darf das Pferd auch **nicht stark belastet werden**, weil dadurch bestehende Entzündungen natürlich immer wieder neu aufflammen! (Wenn man sich immer wieder mit dem Hammer auf den Finger schlägt, so kann man einnehmen, was man will, er wird nie heilen!)

Und es sollte **kein Futter** gereicht werden, **welches Entzündungen fördert**. Dazu gehört z.B. Brot. Sollten es überhaupt alle sehr leicht verwertbaren Kohlenhydrate (hoher glykämischer Index) sein, dann muß man auch bei anderen Futtermitteln aufpassen, z.B. Melasse oder stark fruktanhaltigem Gras.

Außerdem empfiehlt sich in solchen Fällen eine Meerrettichkur von mindestens einer Woche, um eine Infektion als Ursache der Entzündung auszuschließen (siehe Teil B dieses Buches).

Es ist vielleicht interessant, zum Vergleich mit den Erfahrungen, die viele Pferdebesitzer mit Ingwer gemacht haben, einmal die Studie zu einem relativ neu auf den Markt gebrachten pharmazeutischen Schmerz- und Entzündungshemmer vorzustellen (siehe z.B. http://www.innovations-report.de/html/berichte/medizin_gesundheit/bericht-49281.html):

Unter viel Lob durch die Fachwelt wurde von Bristol-Myers Squibb 2005 ein neues Medikament (Orencia®) gegen rheumatoide Arthritis eingeführt, welches im placebo-kontrollierten Doppelblindversuch nach 6 Monaten bei 50 Prozent der Patienten eine mindestens 20%ige Besserung der Leiden erzielte. Von den Placebo-Nehmern waren es nur 20 %. Ein Fünftel der das Mittel einnehmenden Patienten erreichte sogar einen 50 % Rückgang der Leiden und bei einem Zehntel waren die Leiden ganz weg. Sowohl in der Gruppe derer, die Orencia® bekamen, als auch bei den Placebo-Nehmern kam es in den 6 Monaten bei 2 % zu ernsthaften Infektionen. Bei den Orencia®-Einnehmern bekamen allerdings zusätzlich 38 % leichte bis mittlere Infektionen, bei den Placebonehmern 32 %. Wenn man die Wirkungen des Ingwers mit dieser Statistik vergleicht, kann man ihn - glaube ich - wirklich ein bißchen als ein Wundermittel bezeichnen! Und wenn man die Kosten vergleicht, nicht nur ein bißchen. Daß das nicht jedermann zur Freude gereicht, ist natürlich verständlich.

Kurzanleitung zur Fütterung von Ingwer an Pferde

Ingwer zur Entzündungs- und Schmerzhemmung

1.) Anfüttern, beginnend mit einer Gesamtmenge von etwa einem Gramm pro Tag (getrocknete Qualität, bevorzugt **afrikanisch** (z.B. nigerianisch von der Firma Masterhorse) oder mit mindestens 2 % Scharfstoffgehalt), vorzugsweise in eingeweichten (nicht triefenden sondern „erdfeuchten") Heu-/Wiesencobs (strukturreiche Sorten wählen!), die Geschmack und Geruch stark mindern. Dann täglich steigern auf 3 Gramm, 6 Gramm, 9 Gramm, ..., u. U. auch schneller, wenn das Pferd keine Akzeptanzprobleme zeigt, oder auch langsamer, wenn Nierenprobleme bestehen oder das Pferd allgemein Probleme bei Futterumstellungen zeigt (z.B. Koliken).
Wenn das Tier Ingwer bereits kennt, kann sehr schnell auf die vermutete notwendige Dosis hochgefahren werden, meistens sogar sofort.

2.) Steigerung der täglichen Gesamtmenge, z.B. in 3-Gramm-Schritten, bis eine plötzliche Besserung erkennbar ist. Für reine Gelenksentzündungen beträgt diese Menge meistens ungefähr 3 bis 4 Gramm pro 100 Kilo Körpergewicht, für ein 500-Kilopferd also ungefähr 15 bis 20 Gramm (die meisten Pferde wiegen heute aber deutlich mehr als 500 Kilo!). Für Weichteilentzündungen (Sehnen, Bänder) beträgt die zur Entzündungs- und Schmerzhemmung notwendige Dosis meist um die 10 bis 15 Gramm pro 100 Kilo Körpergewicht, also 50 bis 75 Gramm für ein 500-Kilopferd. (Bei den höheren nötigen Ingwerdosierungen steigert man schneller als in 3-Gramm-Schritten, z.B. in 5-Gramm-Schritten oder noch größeren Schritten.) Die angegebenen Werte sind Richtwerte und variieren etwas von Pferd zu Pferd.
In ungefähr 500 Gramm (Trockenmasse) Heu-/Wiesencobs lassen sich ungefähr 20 bis 30 Gramm Ingwerpulver für die meisten Pferde sehr bekömmlich unterbringen, bei guter Akzeptanz oder Verwendung gröberer Ingwerformen (z.B. Feinschnitt oder granuliert) auch deutlich mehr.
Ab Gesamtmengen von mehr als 100 Gramm Ingwer pro Tag ist eine Aufteilung auf mehrere Portionen bevorzugt, aber nicht unbedingt nötig, vor allem, wenn der Ingwer in gröberer Form und in einer hinreichend großen Futtermenge (bevorzugt Heu-/Wiesencobs) gereicht wird.

3.) Die zur Entzündungs- und Schmerzhemmung gefundene notwendige Dosis dann etwa 4 Wochen beibehalten. (Für sehr starke Hufgelenksentzündungen muß manchmal deutlich länger, z.B. ein halbes oder dreiviertel Jahr, eine Dosis von ungefähr 3 bis 4 Gramm pro 100 Kilo Körpergewicht gegeben werden!)
Bewegung des Tieres dabei so, wie es der Tierarzt vorschlägt oder vorschlagen würde! Falls eine Dosis von deutlich mehr als 3 bis 4 Gramm pro 100 Kilo Körpergewicht gegeben werden mußte, kann nach dieser Zeit der Versuch unternommen werden, die

Dosis auf etwa 3 bis 4 Gramm pro 100 Kilo Körpergewicht zu senken. Ist dies nicht möglich, muß die höhere Dosis weiter beibehalten werden.

Man sollte nicht versuchen, die Menge zu früh abzusenken und auch nicht zu früh versuchen, das Pferd wieder zu belasten. Die Verträglichkeit von Ingwer ohne Nebenwirkungen kann, bei langsamer Anfütterung und Gewöhnung und bei Verabreichung in hinreichend großer Menge (!) eingeweichter Heu-/Wiesencobs und Akzeptanz durch das Pferd (und Abwesenheit von Nierenproblemen), bei Fütterung in gröberer Form (z.B. grießförmig, Feinschnitt) auch bis zu hohen Mengen von bis zu 30 Gramm pro 100 Kilo Körpergewicht über mindestens 6 bis 8 Monate als gesichert gelten. Sollten aber Akzeptanzprobleme auftauchen, ist nach der Ursache derselben zu suchen (z.B. Wunden im Maul, Zahnfleisch, …).

4.) Verringerung der Ingwermenge auf eine Wohlfühldosis von 1,5 bis 2 Gramm pro 100 Kilo Körpergewicht, sobald die betroffene Stelle nicht mehr wärmer ist, als die an der gesunden Gliedmaße.

Diese Menge bevorzugt noch mindestens ein bis 2 Monate weitergeben, bei schlimmen Verletzungen oder einem Alter von mehr als 15 Jahren besser dauerhaft. Pferdekenner, die sich mit der Belastbarkeit von Pferden gut auskennen, können auch 3 bis 4 Gramm Ingwer pro 100 Kilo Körpergewicht als dauerhafte Wohlfühldosis verfüttern.

5.) Die Tabelle im Kapitel „Ingwerdosierungen bei unterschiedlichen Erkrankungen" faßt einige der Beobachtungen zur Fütterung von Ingwer zusammen.

B. Meerrettich in der Pferdefütterung

Meerrettich, frisch (!) gerieben, ist beim Pferd in einer Menge (Richtwert!) von ungefähr 20 bis 25 Gramm pro 100 Kilo Körpergewicht ein wirksames **Breitband-Antibiotikum** gegen grampositive und gramnegative Bakterien, z.B. bei Phlegmone (Einschuß), aber auch Kiefervereiterungen u.ä.. (Bei starken Infektionen wählt man sicherheitshalber höhere Dosierungen!)

Die **Wirkung** setzt ziemlich genau **einen Tag** nach der Fütterung einer therapeutisch notwendigen Dosis deutlich ein! Selbstverständlich muß trotzdem eine Wundversorgung vorgenommen werden! Im Falle von Wunden, die ständig mit Schmutz in Kontakt kommen (vor allem unterer Beinbereich!), müssen diese auch vor weiterem Zutritt von Schmutz geschützt werden, z.B. durch einfache Klebeverbände, die ebenfalls in diesem Buch beschrieben sind, oder im Hufbereich, wo dies nicht möglich ist, durch Anguß- oder trockene Watteverbände.

(Bilder der Behandlung eines leichten bis mittleren Einschusses mit Meerrettich an meinem Vollblüter finden Sie im Teil A des Buches zur Ingwerfütterung unter „Anwendung", Punkt 6; dort befindet sich unter dem Einschuß auch noch eine erst später erkannte Weichteilverletzung, die durch Ingwerbehandlung besser abheilt, weshalb die beispielhaften Bilder in den Teil A des Buches aufgenommen wurden. Die Wunde im oberen Bereich des Röhrbeins ist durch einen Klebeverband wirkungsvoll vor Schmutz und Fliegen geschützt.)

Bei einem **sehr schweren Einschuß**, bei dem auch die Haut schon einriß und dem Pferd selbst in der Klinik nicht mehr geholfen werden konnte, waren nach Beobachtung der Besitzerin sechswöchige Gaben von **35 Gramm Meerrettich pro 100 Kilo Körpergewicht** bei **gleichzeitiger Verabreichung** von **5 Gramm Ingwer pro 100 Kilo Körpergewicht** (zur Entzündungshemmung) nötig!

Das nebenstehende Bild zeigt eine hochwertige Stute (plaziert in S-Springen, aber sonst ziemlich „schusselig", sie verletzte sich ständig!), die während mehrjähriger erfolgloser konventioneller Behandlung starker Einschüsse durch Bindegewebszubildung ein „Elefantenbein" entwickelt hatte, bei dem die Haut immer wieder einriß (die Narben sind auf dem Bild erkennbar). Eine Verwendung in der Zucht war gescheitert, weil die Stute nicht trächtig wurde. Nach Behandlung mit Ingwer (täglich ungefähr 5 Gramm pro 100 Kilo Körpergewicht) und Meerrettich (täglich ungefähr 30 Gramm pro 100 Kilo Körpergewicht) verminderte sich der Umfang des Beines bis auf das alte Bindegewebe, die Stute nahm auf und bekam mit 17 Jahren ein gesundes Fohlen.

Schon in geringerer Dosis von etwa **10 bis 12 Gramm pro 100 Kilo Körpergewicht** beseitigt Meerrettich **Zahninfektionen, die** im Maul für die Wirkstoffe direkt lokal zugänglich sind. Außerdem wirkt er in dieser Menge häufig schon gegen **Husten.** (Meerrettich wurde daher auch schon von einigen nordamerikanischen Indianerstämmen, z.B. den Cherokees, gegen **Karies** und **Bronchitis** eingesetzt!)

Alten Pferden tut eine **Meerrettichkur** alle paar Wochen über etwa eine Woche hinweg sehr gut. Hierzu genügt, nachdem man beim ersten Mal das Pferd mit einer Menge von 20 bis 25 Gramm pro 100 Kilo Körpergewicht „durchgeputzt" hat, bei den Wiederholungskuren meistens eine Menge von nur noch 10 bis 12 Gramm pro 100 Kilo Körpergewicht.

Alternativ kann man den Meerrettich, nach einer anfänglichen Kur mit 20 bis 25 Gramm pro 100 Kilo Körpergewicht, später auch **jede Woche** und dann **an zwei oder drei aufeinanderfolgenden Tagen** geben (meistens reichen hierzu 10 bis 12 Gramm pro 100 Kilo Körpergewicht aus). Ich selbst wende ihn bei Pferden üblicherweise an drei Tagen pro Woche an, ein Mal in der Mitte der Woche, die anderen beiden Male an den Wochenendtagen. Diese Methode ist meines Erachtens auch für jüngere Pferde als Vorbeugung empfehlenswert. Bei Pferden, die häufig Probleme mit Zahninfektionen haben, sollte die „Zahndosis" täglich gegeben werden.

Durch die regelmäßige Gabe über Jahre hinweg scheint allerdings die Wirksamkeit etwas abzunehmen, so daß zum Ausgleich bei plötzlich auftretenden infektiösen Erkrankungen (z.B. Einschüssen) dann höher dosiert werden muß.

Nach eigenen Beobachtungen erhöht sich die Dosis dann um ungefähr 30% gegenüber den oben genannten Mengen, also nicht dramatisch. (Diese Dosen sind aber immer noch sehr gut verträglich, weshalb man deswegen nicht auf eine dauerhafte Verfütterung an alte Pferde verzichten sollte.) Vermutlich liegt die verminderte Wirksamkeit an einer gesteigerten Ausscheidung oder schnellerem Abbau durch den Körper und nicht an einer Resistenzbildung der Keime. Übliche Antibiotika, über so lange Zeit verfüttert, hätten am Ende ihre Wirksamkeit völlig verspielt!

Die Gabe von Meerrettich erhöht die **Lebenserwartung** alter Pferde deutlich! Einen großen Einfluß hat hierbei wohl die Bekämpfung der mit dem Alter zunehmenden Zahninfektionen, die (auch beim Menschen) zu Folgeschäden im Körper führen. (Siehe hierzu auch den kurzen Bericht über den 109-jährigen Graf von Waldeck am Ende des Kapitels! Seit ich selber jeden zweiten Tag ungefähr 10 Gramm Meerrettich zu mir nehme (in kleinen Stücken mit wenig Milch im Mund langsam zerkaut), habe ich z.B. keine Probleme mehr mit einer zuvor recht großen **Zahntasche** an einem schräg liegenden Weisheitszahn! In den vergangenen 7 Jahren, in denen ich dies nun praktiziere, sind meine Zahntaschen dadurch sogar fast ganz verschwunden!)

Auffällig bei der Fütterung von Meerrettich an alte Pferde (in Kombination mit Ingwer, vermutlich aber auch ohne) ist die deutliche und schnelle **Gewichtszunahme** bei sonst gleicher Futtermenge! Der Effekt dürfte vergleichbar sein mit dem von antibakteriell wirkenden Stoffen in der Schweineaufzucht. Dort wird durch Verfütterung solcher

Substanzen (früher leider Antibiotika, heute, auch leider, antibakteriell wirkende Kupferverbindungen) die Gewichtszunahme beschleunigt. Mutmaßlich geschieht dies durch das **Beseitigen kleinerer Infektionen**, die das Wachstum der Tiere verlangsamen. Auch in der Fleischproduktion für den Menschen könnte daher meiner Ansicht nach auf den wirksamen und gleichzeitig gesunden Meerrettich übergegangen werden!

Das Wort Meerrettich (engl. **horseradish**, also **Pferderettich**) ist übrigens auch im deutschen der „**Mährrettich**". Der Wortstamm kommt vermutlich von marha, germanisch für Pferd, und hat sich noch in unserer „Mähre", dem englischen Wort „mare" und dem isländischen „meri" für das weibliche Pferd erhalten.
Es gibt zwar auch noch andere etymologische Herleitungen des Wortes Meerrettich, wer allerdings erlebt hat, wie sehr die allermeisten Pferde den geriebenen Meerrettich geradezu lieben, zweifelt nicht mehr an der obigen Herleitung.
Da Pferde Meerrettich bereits nach kurzer Gewöhnung gerne fressen (manche sogar pur!), ist das Anfüttern meistens kein Problem. Am ersten Tag kann man einem normalgroßen Warmblüter in eingeweichten Heu-/Wiesencobs häufig gleich 20 Gramm geben, am nächsten 50 Gramm, dann 100 Gramm und dann die therapeutisch notwendige Dosis (falls diese mit einer Gesamtmenge von 100 Gramm noch nicht erreicht sein sollte).
Pferden, die Meerrettich bereits kennen, kann man im Ernstfall sofort die therapeutisch notwendige Dosis verfüttern. Daher ist, wie auch schon bei Ingwer, eine Gewöhnung an Meerrettich ratsam, auch wenn gerade noch gar keine akute Notwendigkeit dafür besteht.

Der Meerrettich muß **frisch gerieben** oder durch eine **Säure** (z.B. Zitronensäure oder Apfelessig) **stabilisiert** sein, weil einige seiner **Wirkstoffe**, die aus Vorläufersubstanzen erst bei der Zerstörung der Zellwände entstehen (z.B. **Allylsenföl** aus Sinigrin) nicht sehr stabil sind und sich schon bei Gegenwart von Wasser relativ schnell zersetzen.
Es wird aber auch von manchen Pferdebesitzern geriebener **Meerrettich aus dem Glas** (**Tafelmeerrettich**, kein Sahnemeerrettich!) mit Erfolg angewendet. Er enthält dann allerdings Konservierungsstoffe und die **notwendige Dosierung** liegt auch **höher**. Ein Versuch bei Husten ergab ungefähr die **1,5- bis 2-fache Menge** dessen, **was von frisch geriebenem Meerrettich nötig ist**. Es ist sinnvoll, immer ein großes Glas Tafelmeerrettich in der **Stallapotheke** stehen zu haben, für Notfälle, wenn gerade kein frischer Meerrettich zur Hand ist! Außerdem habe ich auch noch stets gefrorene Meerrettichstücke im Gefrierfach, da Pferde diesen deutlich lieber mögen als solchen aus dem Glas! Der Meerrettich muß dann im gefrorenen (!) Zustand gerieben und gleich verfüttert werden. Die Wirksamkeit von gefrorenem Meerrettich liegt ebenfalls unter der von frischem Meerrettich: Man sollte ihn ungefähr 30 bis 50 % höher dosieren als frischen. Der Grund mag sein, daß beim Einfrieren die entstehenden Eiskristalle die Zellwände bereits sprengen (daher ist er nach dem Auftauen gummiartig!) und die Wirkstoffe schon beim Auftauen entstehen lassen, die sich dann mit der Zeit zersetzen und den aufgetauten Meerrettich etwas weniger wirksam machen.

Meerrettich gibt es auch als trockenes Pulver, doch scheint dieses, bezogen auf die Trockenmasse, noch weniger wirksam zu sein, als Meerrettich aus dem Glas. Die Wirksamkeit ist hier sicher sehr stark abhängig vom Herstellungsverfahren! Eine Charge, die ich für Untersuchungen verwendete, schien, bezogen auf die Trockenmasse, mindestens etwa 4 mal weniger wirksam bei Husten zu sein, als der frisch geriebene Meerrettich! Bei anderen Infektionen könnte dies aber auch anders aussehen. Wie gesagt, können die Unterschiede in der Qualität hier aber gewaltig sein. Im käuflichen humanmedizinischen Präparat Angocin® ist z.B. Meerrettich bei guter Wirksamkeit auch als Pulver enthalten.

Da mein (2012) 25-jähriger Vollblüter sowieso mehrmals in der Woche frisch geriebenen Meerrettich zur Gesunderhaltung der Zähne erhält, achte ich darauf, daß ich immer mindestens drei Stücke der entsprechenden Größe für diesen Zweck im Stall parat habe. So lange hält er sich nämlich auch ohne Kühlung. In Notfällen, z.B. Verletzungen, kann ich ihm dann sofort alle drei Stücke auf einmal reiben und als Antibiose geben oder ich kann den Meerrettich auch an andere Pferde, die ihn benötigen, ausleihen!

Bevorzugt gibt man den Meerrettich **in einer Portion** am Tag, denn einige seiner wirksamen Verbindungen (**Senföle**) sind **flüchtig** (hoher Dampfdruck) und werden durch den Körper **schnell wieder ausgeschieden**, auch über die Lunge ausgeatmet. Gibt man den Meerrettich hingegen in kleinen Portionen über den Tag verteilt, so ist nicht gesagt, daß man die wirksame Mindestkonzentration im Körper überhaupt erreicht, weil der Körper nämlich schon längst mit der Ausscheidung der vorherigen kleinen Gabe begonnen hat, bevor die nächste zugeführt wird.

Wie auch schon den Ingwer, füttert man den frisch geriebenen Meerrettich sehr vorteilhaft in **eingeweichten Heu-/Wiesencobs**.

Meerrettich ergänzt den Ingwer in fast idealer Weise! Der Ingwer drückt dann die Entzündung herunter, und der Meerrettich beseitigt gleichzeitig die Keime als mögliche Ursache der Entzündung.

Er kann auch **über viele Wochen** hinweg verfüttert werden. (Dies sollte man zur Ausheilung einiger Arten von Erkrankungen, z.B. Kiefervereiterungen, auch tun!). Bei einer Verfütterung von 25 Gramm pro 100 Kilo Körpergewicht bis zu 8 Wochen lang (in eingeweichten Heu-/Wiesencobs) habe ich bei eigenen Pferden noch keine Probleme festgestellt. Bei Gabe eines herkömmlichen Antibiotikums über 8 Wochen wäre hingegen wohl mit schwersten Nebenwirkungen zu rechnen!

Bei einem Kaltbluthengst habe ich die Fütterung von 50 Gramm pro 100 Kilo Körpergewicht über 2 Monate hinweg beobachten können. Diese Menge war auf zwei Portionen am Tag verteilt worden. Ein Blutbild wurde nicht gemacht, aber äußerlich wirkte sich der Meerrettich nicht negativ aus, der Hengst wurde sogar mit der Zeit immer stärker. Sogar Mengen von mehr als 50 Gramm pro 100 Kilo Körpergewicht wurden (in eingeweichten Heu-/Wiesencobs) einem Pony mit Borreliose schon über mehrere Monate hinweg gefüttert.

Daß der Hengst mit der Zeit immer stärker wurde, verwundert mich seit 2012 nicht mehr, denn in diesem Jahr verdichteten sich die Anzeichen, daß eine **längerfristige** (einen Monat) **Fütterung** von Meerrettich in einer Dosierung von ungefähr 30 Gramm pro 100 Kilo Körpergewicht) die Menge an rotem Blutfarbstoff (**Hämoglobin**) im Blut signifikant **ansteigen** läßt. Der Anstieg (10 bis 20%!) war **dopingrelevant**, ähnlich wie bei EPO! Eine einfache Erklärung habe ich bislang noch nicht dafür gefunden, zumal eine kurzfristige Fütterung oder eine in geringer Dosierung keinen Einfluß auf den Hämoglobinspiegel hat oder ihn sogar etwas vermindert! Beseitigt er hochdosiert vielleicht Keime, die blutabbauend wirken? Oder ist der Grund eine überschießende Gegenreaktion des Körpers auf einen anfänglichen Abbau? (Es wäre dann zu hinterfragen, ob die Fütterung von Knoblauch, vor der wegen angeblichen Abbaus des Blutfarbstoffs medienwirksam gewarnt wurde, langfristig nicht auch zu einer Erhöhung des Hämogobinspiegels führen könnte!)

Beim **Menschen** ist bei **dauerhafter (!) Einnahme in großen Mengen** (mehr als 20 Gramm pro Tag (also **mehr als ungefähr 30 Gramm pro 100 Kilo Körpergewicht**) die Bildung von **Magengeschwüren** bekannt. Allerdings nehmen Menschen Meerrettich auch nicht in bekömmlicher Form zusammen mit eingeweichten Heu-/Wiesencobs auf. Dennoch ist es sicherer, Meerrettich in hoher Dosierung nicht wie Ingwer jahrelang als Dauerfutter einzusetzen, sondern intervallmäßig.

Ingwer als **magenschonendes Mittel** verbessert vermutlich die **Verträglichkeit** des Meerrettichs bei langfristigen hochdosierten Behandlungen. Auch Leinsamenschleim ist für solche Langzeitbehandlungen dann empfehlenswert.

In einer neuen Untersuchung wurde bei Hufrehepatienten ein sehr stark erhöhter (hundert mal höherer!) Befall der Huflederhaut mit bestimmten (vor allem gramnegativen) Bakterien festgestellt („Chronic laminitis is associated with potential bacterial pathogens in the laminae", Onishi u.a., Vet. Microbiolog., 17. Aug 2012) . Dieser Befund macht es ratsam, den Meerrettich auch bei Hufrehepatienten auszuprobieren.

Im Oktober 2012 litt mein damals 25-jähriger Vollblüter an einer Vereiterung eines Zahnes im Oberkiefer mit Fieber. (Er ist seit ich ihn habe (19 Jahre) Kopper und hat von daher keine guten Zähne!) Die Zähne wurden von der Tierärztin beraspelt, aber die Infektion habe ich dann mit Meerrettich behandelt (35 Gramm pro 100 Kilo Körpergewicht täglich, einen Monat lang; an den ersten beiden Tagen erhielt er sogar 55 Gramm pro 100 Kilo Körpergewicht, auf zwei Portionen verteilt).

Die Wirkung begann ziemlich genau nach einem Tag einzusetzen, und nach drei Tagen war die Backe für Außenstehende schon wieder normal gewesen und das Fieber beseitigt. Da die Ursache, der kranke Zahn, nicht entfernt wurde, habe ich sicherheitshalber nach der Beendigung der hochdosierten Behandlung weitere 3 Monate täglich eine geringe Dosis von 12 Gramm pro 100 Kilo Körpergewicht weitergefüttert, um eine eventuelle wenigstens teilweise Ausheilung der Wurzel zu ermöglichen.

Die Bilder zeigen links den Zustand am ersten Tag der Vereiterung (11.10.) und rechts nach 5 Tagen Behandlung mit Meerrettich (16.10.):

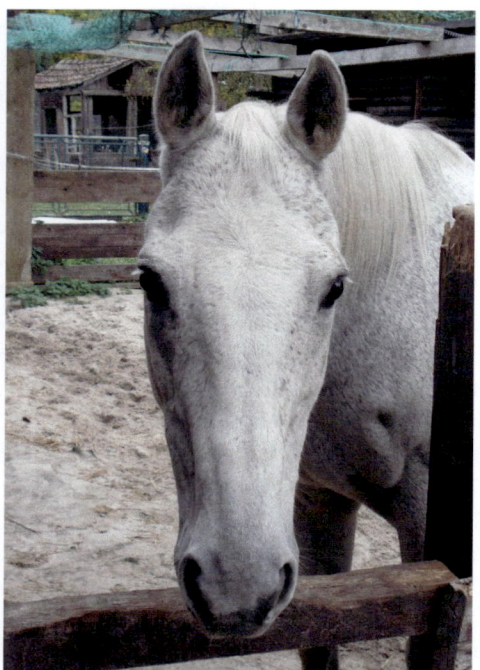

Durch **Meerrettich** lassen sich offenbar **vielfältige bakterielle Infektionen** effektiv bekämpfen. **Virale Infektionen** habe ich selbst nicht intensiv untersuchen können. Man spricht aber dem Meerrettich gewisse **antivirale Eigenschaften** zu, und ich habe Anhaltspunkte, daß er sich tatsächlich bei solchen Infektionen einsetzen läßt. Sehr hochdosierter Meerrettich (ungefähr 50 Gramm pro 100 Kilo Körpergewicht) wäre für mich das Mittel der Wahl, wenn bei einem Pferd eine chronische oder subakute Form der Equinen infektiösen Anämie auftreten würde, die gemeinhin als nicht heilbar gilt und deren Behandlung per Gesetz eigentlich untersagt ist! (Dies halte ich für völlig unsinnig! Wie soll denn dann jemals ein Mittel dagegen von den Tierärzten gefunden werden können! Von der Pharmaindustrie kann man das kaum erwarten, dafür ist die Krankheit zu selten und die Gewinnerwartung daher zu gering!)

Auf keinen Fall schadet es, bei einer **viralen Infektion gleichzeitig Meerrettich** zu geben, denn Sekundärinfektionen durch Bakterien, die häufig ein Problem (oft sogar das Hauptproblem!) bei viralen Infektionen darstellen, werden dadurch schnell beseitigt. Beobachtungen zeigen, daß bei viralen Infekten, bei denen zuerst Meerrettich gegeben wurde, und, nachdem dieser keine deutliche Wirkung zeigte, danach Antibiotika gespritzt wurden, die Symptome (z.B. Ödeme an Beinen und Bauch) sogar schlechter wurden, was unter Meerrettich nicht geschehen war.

Ungefähr zeitgleich zu meinen ersten Versuchen mit Meerrettich beim Pferd sind auch ähnliche Versuche bei einer wesentlich größeren Anzahl von **Menschen** (mehr als 1000!) durchgeführt worden. Die **Studie** (Dr. U. Frank, Prof. Dr. K. F. Klippel), die keinen reinen Meerrettich, sondern ein **verkapseltes getrocknetes Kombinationspräparat aus Meerrettich und Kapuzinerkresse** verwendete, untersuchte die Wirkung auf 13 klinisch relevante Bakterienarten, die **Infektionen** der **Harnwege** und des **Atmungstraktes** verursachen. **Kapuzinerkresse** produziert, wie Meerrettich, bei Zerstörung ihrer Zellwände ebenfalls **Senföle**, die allerdings etwas anders zusammengesetzt sind (z.B. entsteht zusätzlich Benzylsenföl).

In der Studie zeigte sich für die Patienten, die das Kapuzinerkresse/Meerrettich-Präparat einnahmen, die **gleiche Wirksamkeit**, wie bei einer Kontrollgruppe, die mit **synthetischen Antibiotika** behandelt wurde! Es wurde **bakteriozide** und in geringerer Dosierung noch **bakteriostatische** Wirkung gegenüber **Staphylokokken, Streptokokken, Enterokokken, Acinetobacter, E. coli, Proteus, Enterobacter** und **Haemophilus influenzae** festgestellt.

Außerdem wohl auch **virostatische** Wirkung bei **Rhinoviren, Influenza** und **Newcastle** . Zudem **antimykotische** Wirkung gegen **Candida** und **Schimmelpilze**.

Das in der Studie verwendete Präparat Angocin® enthielt 200 mg getrocknete Kapuzinerkresse und 80 mg getrockneten Meerrettich pro Kapsel, entsprechend ungefähr 2 Gramm frischem Kraut und etwa 0,8 Gramm frischem Meerrettich, wobei aber laut Herstellerangaben die tägliche Dosis für einen erwachsenen Menschen bis zu 25 Kapseln pro Tag beträgt! Dies entspräche dann ungefähr 50 Gramm frischer Kapuzinerkresse und 20 Gramm frischem Meerrettich, wenn die Herstellerfirma es geschafft haben sollte, die Pflanzen sehr schonend zu verarbeiten.

Ich vermute allerdings stark, daß von den frischen Substanzen deutlich weniger benötigt würde, um die gleiche beobachtete Wirkung zu erzielen.

Informationen zur Studie findet man unter http://www.klinikum.uni-heidelberg.de/Phytomedizin-Traditionelles-Wissen-modern-genutzt.109013.0.html

In der Studie wird ausdrücklich darauf hingewiesen, daß mit **Resistenzbildung von Keimen nicht zu rechnen** ist. Darüber hinaus wurde festgestellt, daß die **Wirkstoffe** alle schon im **Dünndarm resorbiert** werden (!), so daß die **bakterielle Dickdarmflora**, anders als bei herkömmlichen Antibiotika, **nicht geschädigt** wird! Ist dies schon für den Menschen von Vorteil, so gilt das für das „Darmtier" Pferd gleich zweimal! Daher reagieren Pferde wohl auch so positiv darauf!

Die **Studie** an Menschen betrachtete nur **Infektionen**, die an Orten stattfinden, an denen sich die **Hauptwirkstoffe** (Senföle) des Meerrettichs und der Kapuzinerkresse **konzentrieren (Ausscheidungswege** über **Harn** und **Lunge).** In meinen eigenen Untersuchungen am Pferd hatte ich bei ungefähr **doppelter bis dreifacher eingesetzter Dosis** (verglichen mit der lokal wirksamen Dosis) auch eine Wirkung auf andere **entfernte infizierte Organe** beobachtet, z.B. eben auf Einschuß (Phlegmone, Streptokokken) im Bein. Die Wirkstoffe müssen somit also in hinreichender Menge auch über den Blutkreislauf an den Ort der Infektion gelangen können. Ähnliches ist daher wohl auch beim Menschen zu erwarten.

In der **Studie** wurde zudem das **Substrat gleichmäßig über den Tag** verteilt verabreicht, was sich nach meinen eigenen Versuchen beim Pferd als weniger wirkungsvoll erwiesen hat (außer bei sehr hohen Dosierungen). Beim Menschen könnte es daher ähnlich sein. Eine **gleichmäßige Gabe über den Tag verteilt** macht die Einnahme, auch größerer Mengen, aber dafür deutlich **angenehmer und verträglicher**, zumal Menschen nicht wie Pferde Heu-/Wiesencobs als effektiven „Verdünner" zu sich nehmen.

Sehr interessant ist die gefundene **virostatische** Wirkung bei Influenza! Bei **Pferde- (und Menschen-!)grippe** wäre dieser Studie zufolge daher eine **hochdosierte Meerrettichgabe** (eventuell in Kombination mit Kapuzinerkresse) **empfehlenswert!** Einer **tödlichen Grippewelle**, vor der die Wissenschaftler bereits seit vielen Jahren warnen, könnte auf diese Weise vielleicht die Spitze genommen werden!

Hinweise auf die **virostatische Wirkung** habe ich im Oktober 2005 an mir (ungefähr 70 Kilo) selbst ausgetestet, als ich an einem grippalen Effekt litt. 25 Gramm Meerrettich reichten nach diesem Versuch noch nicht zu einer deutlichen Besserung aus. Bei 50 Gramm am Tag (ungefähr **70 Gramm pro 100 Kilo Körpergewicht**) war (allerdings erst am nächsten Tag) eine sehr deutliche Besserung im Befinden zu erkennen. Allerdings ist diese Menge nicht angenehm zu essen und schlägt auch schon etwas auf den Magen. Ich hatte die Menge auf 2 Portionen, morgens und abends, verteilt, weil ich glaube, daß es, im Gegensatz zur bakterienabtötenden Wirkung, bei einer **virostatischen** (die Virusvermehrung nur hemmenden) Wirkung auf eine zeitlich ungefähr **gleichmäßige Wirkstoffmenge im Körper** ankommt. Wird die Virusvermehrung hinreichend gehemmt, gewinnt das Immunsystem des Körpers Zeit, das Virus effektiv zu bekämpfen. Bei einer Grippe im Herbst 2009 (Schweinegrippe?) habe ich dann probeweise Angocin® ausprobiert. Ich nahm hierzu mit 35 Tabletten täglich (auf 5 Zeitpunkte verteilt) eine deutlich höhere Dosierung ein, als in der Gebrauchsanweisung angegeben, und konnte damit die Grippe binnen 2 Tagen fast vollständig beseitigen. Nach 4 Tagen war ich wieder völlig gesund. Die Einnahme war dabei sehr bekömmlich.

Am angenehmsten ist die **Einnahme von Meerrettich durch den Menschen** meiner Erfahrung nach, wenn man den Meerrettich in **kleine Stückchen schneidet** und diese **in kleinen Portionen im Mund zerkaut**, nachdem man **zuvor (!)** einen **Schluck kalte Milch in den Mund** genommen hat. Beim **Zerkauen unter Milch** geraten die sehr scharfen gasförmigen Senföle dann nämlich nicht in die Luftröhre oder gar Lunge! Beim Ausbruch einer gefährlichen **Grippeepidemie** und Mangel an antiviralen Grippemitteln würde ich daher den Einsatz von **Meerrettich** beim Menschen in der geschilderten Weise empfehlen, bevorzugt **in Kombination mit einem magenschonenden Mittel**.

Für eine **Wirkung** von Meerrettich **gegen Schimmelpilze** (wie in der Studie am Menschen nachgewiesen) spricht die Behandlung eines Kaltbluthengstes, der ein immer wiederkehrendes Aspergillom (ein grünlicher steinartiger Pilz) in der Nasennebenhöhle hatte. Nach 2 Monaten der Fütterung von 50 Gramm pro 100 Kilo Körpergewicht (das waren bei ihm 400 Gramm am Tag auf 2 Portionen verteilt!) kam das Aspergillom nicht wieder. Der Pilz war wohl regelrecht „ausgebrannt".

Während meiner Versuche zur antibiotischen Verwendung von Meerrettich bin ich auf folgende wissenschaftliche Untersuchung gestoßen, die ich für so interessant halte, daß

ich deren Inhalt hier wiedergeben möchte, auch wenn ich ihn nicht selbst getestet habe, weil ich alle Infektionen mit Meerrettich allein erfolgreich bekämpfen konnte: K. Allison u.a. berichten in der renommierten Zeitschrift Nature (Bd. 473 , 12.5.2011, S.216-220), daß es eine einfache Möglichkeit gibt, sogenannte „Persister" durch eine Kombination aus Antibiotikum und den Zuckern Glucose, Fructose oder Mannitol effektiv zu beseitigen! Dies galt auch für Bakterien in Biofilmen! Persister sind Bakterien, die ihren Stoffwechsel so weit heruntergefahren haben, daß Antibiotika sie nicht mehr bekämpfen können, weil sie nicht in die Bakterien aufgenommen werden. Persister fahren dann zu einem späteren Zeitpunkt, wenn keine Antibiotika mehr zugegen sind, ihren Stoffwechsel wieder hoch, und es kommt zu wiederaufflammenden Infektionen. Der Zucker lockt die Persister sozusagen aus ihrem Ruhezustand und macht sie dadurch wieder angreifbar!
Eventuell könnte man Meerrettich auch bei Persistern erfolgreich zusammen mit den beschriebenen Zuckern einsetzen. Fructose habe ich selbst bislang nur zusammen mit Ingwer eingesetzt. Dort schien sich auch eine, wenn auch geringfügige, Wirkungssteigerung bei der Entzündungshemmung zu zeigen. Einen Grund hierfür kann ich nicht angeben.

Interessant und amüsant ist übrigens folgende Anekdote aus der Wissenschaftsgeschichte: **Graf von Waldeck (1766-1875)**, ein eher berüchtigter als berühmter Maya-Forscher, der aber auch schon zuvor weit herum gekommen war (er war z.B. schon mit Napoleon in Ägypten gewesen), ist nach eigenen Angaben deshalb **109 Jahre alt** geworden, weil er jedes Frühjahr eine **sechswöchige Meerrettich-Kur** durchführte! Denkbar ist, daß er dieses für die heutige Zeit biblische, für die damalige sogar astronomische Alter deswegen erreichte, weil der Meerrettich dabei lebensgefährliche Infekte schon im Ansatz beseitigte.
Graf von Waldeck soll schließlich an Herzversagen gestorben sein, als er nahe der Champs Élysées einer jungen Frau hinterher sah!

Kurzanleitung zur Fütterung von Meerrettich an Pferde

Meerrettich gegen bakterielle Infektionen
1.) **Schnelles Anfüttern**, beginnend mit etwa 20 Gramm in einer Mahlzeit, dann 50 Gramm, 100 Gramm in einer Mahlzeit, ... Der Meerrettich sollte zum Erreichen der besten Wirksamkeit **frisch gerieben** sein.
Bevorzugt, aber für die antibiotische Wirkung nicht nötig, wird der frisch geriebene Meerrettich in **eingeweichten Heu-/Wiesencobs** gereicht. Besonders bevorzugt zusammen mit einer „Wohlfühldosis" **Ingwer** (1,5 bis 2 Gramm pro 100 Kilo Körpergewicht), oder auch einer höheren Dosierung, falls dies nötig ist (Entzündungshemmung).
Ziel sind 20 bis 35 Gramm Meerrettich pro 100 Kilo Körpergewicht, je nach Schwere der Infektion. Auch Mengen von mehr als 50 Gramm pro 100 Kilo Körpergewicht wurden (in eingeweichten Heucobs) bei Borreliose schon über mehrere

Monate hinweg gefüttert. Der Borreliosetiter wurde dadurch in den Normbereich abgesenkt.

Pferde, die Meerrettich (auch ethymologisch der „**Mährrettich**") schon kennen, können bei Bedarf sofort die volle notwendige Menge erhalten. Die **antibiotische Wirkung** (z.B. Abschwellen eines Einschusses) ist setzt **ziemlich genau nach einem Tag** ein, wenn die nötige Menge erreicht ist und die Wunde richtig versorgt wurde. (Bei ständiger Neuinfektion kämpft man sonst gegen Windmühlenflügel an!)

Zur Behandlung bei (vom Maul aus erreichbaren) **Zahninfektionen** und bei **Husten** genügen im allgemeinen Mengen von **10 bis 12 Gramm pro 100 Kilo Körpergewicht**, bevorzugt ist aber auch hier erst einmal die Gabe einer höheren Menge, um auch hier zusätzlich eine ausreichende Menge an Wirkstoffen über den Blutkreislauf an den Bestimmungsort zu bringen.

Nach sehr (!) langfristiger Gabe von Meerrettich muß bei plötzlich auftretenden infektiösen Erkrankungen ungefähr 30% höher dosiert werden, weil die Wirksamkeit dann etwas nachläßt (vermutlich aufgrund schnellerer Ausscheidung der Wirkstoffe durch den Körper).

2.) Beibehalten der gefundenen Menge über **mindestens 7 bis 10 Tage** (wie bei herkömmlichen Antibiotika auch).

Bei absehbar **langwierigen Infektionen** sollte die Menge **mehrere Wochen** (4 bis 8 Wochen) gehalten werden.

Borreliose scheint **besonders hohe Gaben** über einen **noch längeren Zeitraum** zu erfordern.

3.) Bei hohen Meerrettichdosierungen Ausschleichen der Menge binnen weniger Tage.

4.) **Für alte Pferde auf Dauer** empfehlenswert:

An zwei oder drei aufeinanderfolgenden Tagen in der Woche eine Menge von **10 bis 12 Gramm frisch geriebenen Meerrettich pro 100 Kilo Körpergewicht** und alle paar Monate immer einmal wieder ungefähr eine Woche lang eine Dosis von 20 bis 25 Gramm pro 100 Kilo Körpergewicht täglich verabreichen.

Noch besser: zusätzlich **täglich Ingwer** in einer Menge von 1,5 bis 2 Gramm pro 100 Kilo Körpergewicht („Wohlfühldosis") füttern oder auch mehr.

5.) Für **Notfälle** ein großes **Glas Tafelmeerrettich** (NICHT Sahnemeerrettich!) in der **Stallapotheke** vorrätig halten, mit dem man Zeit gewinnt, um am nächsten Tag dann frischen Meerrettich geben zu können. Tafelmeerrettich aus dem Glas muß aber **höher dosiert** werden (sicherheitshalber ungefähr **1,5 bis 2 mal so hoch**), weil einige seiner Inhaltsstoffe bereits teilweise abgebaut sind und der Tafelmeerrettich auch noch durch andere Stoffe verdünnt ist.

Besser noch ist es, Meerrettich für Notfälle in größeren Stücken (ungefähr 50 Gramm) einzufrieren und diese Stücke dann bei Bedarf gefroren (!) zu reiben und gleich zu verfüttern. Auch hier muß ungefähr 1,5 mal höher dosiert werden, aber solcher Meerrettich wird von manchen Pferden besser akzeptiert als der (gesäuerte) aus dem Glas. **Wer sowieso Meerrettich wegen der Zähne verfüttert, hält im Stall am besten ständig eine dreifache Zahndosis als Notfallpaket für andere Anwendungen bereit.**

C. Süßholz in der Pferdefütterung

Untersuchungen an 5 Pferden im Jahr 2009 über einen Zeitraum von bis zu 8 Monaten hinweg haben ergeben, daß es möglich ist, durch die Fütterung von **Süßholz** (dem Ausgangsstoff für **Lakritze**) die Symptome des **Headshakings** drastisch zu vermindern. In der Zwischenzeit hat sich das bei pollenbedingtem Headshaking auch bei weiteren Pferden bestätigt! Eine genauere Untersuchung an meinem Vollblüter hat darüber hinaus ergeben, daß diese Fütterung offenbar auch das **Herpesvirus bekämpft**, welches von einigen Medizinern für mitverantwortlich bei Headshaking angesehen wird! Obwohl noch nicht viele Berichte von behandelten Pferden vorliegen, habe ich mich entschlossen, die Ergebnisse schon vorzustellen, da die Effekte auf das (pollen- und lichtbedingte) Headshaking bei jedem der Pferde eintraten und stark waren. (Es lag eine sogenannte **starke Kausalität** vor). Besitzer betroffener Pferde werden damit frühzeitig in die Lage versetzt, ihren vierbeinigen Kameraden zu helfen, die ansonsten sogar aus diesen Gründen manchmal eingeschläfert werden müßten! Und bei den gefürchteten und manchmal tödlichen **Herpesepidemien**, bei denen Tierärzte bislang machtlos waren, sollte Süßholz meines Erachtens zumindest versuchsweise schon einmal eingesetzt werden.

Allergien nehmen nicht nur bei Menschen seit Jahrzehnten mehr und mehr zu, sondern auch bei vielen Tierarten, auch Pferden.
Für Reiter besonders unangenehm ist das sogenannte **Headshaking**, weil es die Nutzung des Pferdes zu bestimmten Jahreszeiten sehr stark beeinträchtigt.
Der englische Begriff Headshaking beschreibt das Symptom des **Kopfschlagens**, das vor allem während des Reitens auftritt. Zusätzlich versuchen die Tiere häufig, die Nase am Boden, an der Wand oder an den Vorderbeinen zu reiben, um einen permanenten Juckreiz „abzustreifen". Das Krankheitsbild beginnt meist schleichend und kann sich bis zu einem Maße steigern, bei dem das Reiten unmöglich wird. Die Tiere sind im Extremfall so sehr abgelenkt, daß sie sich selbst, den Reiter und ihre Umgebung gefährden. Häufig treten die **Symptome** auch nur **jahreszeitlich bedingt** auf. Einige Headshaker sind auch **lichtempfindlich** und reagieren sensibel auf Berührungen am Kopf.
Früher schob man die Symptome schlicht auf eine zu feste Reiterhand, heute weiß man, daß dies nicht immer die einzige Erklärung sein kann. Tritt es nur zu bestimmten Jahreszeiten auf, so ist es naheliegend, daß **Allergien**, z.B. auf **Pollen**, daran beteiligt sind. Das Verhalten kann auch durch Stress ausgelöst werden und ist in diesem Falle dem menschlichen Burnout-Syndrom vergleichbar. **Stress** bewirkt auch eine **Verstärkung** eines sonst kaum auffallenden Headshakings. Daher sind wohl vor allem hoch im Blut stehende Pferde häufiger betroffen.
Die Behandlung ist meist sehr schwierig, da das Headshaking durch eine Reihe von Ursachen ausgelöst werden kann und es oftmals nicht gelingt, die eigentliche(n) Ursache(n) zu finden. Oftmals sind auch **mehrere Ursachen gleichzeitig** an der Auslösung des Headshakings beteiligt, von denen jede für sich allein nicht dazu führen

würde. (Auch Wolfszähne im Kiefer oder gereizte Huflederhäute können es z.B. verstärken.)

Einige Pferde reagieren auf **Licht empfindlich** (bei Ihnen helfen lichtabhaltende Kopfmasken), häufig sind aber **Pollen** der Hauptauslöser des Headshakings (vergleichbar dem **Heuschnupfen** beim Menschen). Eine Reizung ist auch daran erkennbar, daß diese Tiere ständig die Oberlippe bewegen oder/und häufig niesen.

Ein dicht anliegendes **Nasennetz** beseitigt bei solchen Pferden, die sich häufig die Nase reiben wollen, zwar nicht die allergische Reaktion, da die groben Maschen die Pollen nicht aus der Luft filtern können, es bringt dem Pferd aber Erleichterung, weil es die Nase direkt am Netz scheuern kann.

Für das Kopfschlagen und Reiben der Nase wird eine **Reizung** des **Trigeminus-Nervs** verantwortlich gemacht. Einige Mediziner vermuten auch eine Beteiligung von **latenten („schlafenden") Herpesviren** in diesem Nerv, die bei Streß freigesetzt werden. (Dieser Meinung bin ich aufgrund der später noch dargestellten Untersuchung ebenfalls.)

Tierärzte verordnen in vielen Fällen Cyproheptadin®, das jedoch nur in einigen Fällen wirklich zufriedenstellend wirkt und darüber hinaus Nebenwirkungen hat (Apathie, Kolikgefährdung, Inappetenz). Andere Mittel sind die Antikonvulsiva Carbamazepin® oder Gabapentin®, die auch bei Epilepsie verordnet werden.

Manche Pferdebesitzer verwenden auch die frei erhältlichen Antihistaminika Loratadin® oder Cetirizin®, allerdings ebenfalls ohne wirklich befriedigende Wirkung. Zudem erzeugen diese als Nebenwirkung beim Pferd Müdigkeit.

Überraschenderweise hat es sich nun seit dem Jahr 2009 bei Versuchen an mehreren Pferden unterschiedlicher Rassen gezeigt, daß **Süßholz**, bevorzugt in gemahlener Form, als Futtermittel/Futterzusatz beim Pferd sehr effektiv Headshaking lindert (um ungefähr 90 %)! Dieser Effekt wurde bei allen beobachteten Pferden festgestellt. Es bestand also eine **starke Kausalität** zwischen der Gabe von Süßholz und der Linderung des Headshakings! Und, was sehr wichtig ist: **Nebenwirkungen** wurden **nicht beobachtet**! Eine Wirkung auf andere Allergien scheint hingegen nur schwach zu sein!

Der dahintersteckende Mechanismus ist unbekannt, aber es scheint auch eine Bekämpfung des Herpesvirus beteiligt zu sein, worauf ich später noch näher eingehen möchte!

Ein Bestandteil im Süßholz, das **Glycyrrhizin** (Süßholzzucker), weist allerdings **beim Menschen in höheren Dosierungen starke Nebenwirkungen** auf. Es kann den Elektrolythaushalt des Körpers beeinflussen und zu Bluthochdruck, Kopfschmerzen und Ödemen führen. Glycyrrhizin beeinflußt nämlich den Mineralcorticoidstoffwechsel. (Aus diesem Grunde ist der Glycyrrhizingehalt in Lakritze i. a. herabgesetzt.)

Von daher war ich zuerst sehr vorsichtig bei der Anwendung, sonst hätte ich **Süßholz** schon 4 Jahre früher ausprobiert, weil es **abtötend auf Herpesviren** wirken soll (die ja auch für Headshaking mitverantwortlich gemacht werden). In Wikipedia findet man hierzu (Anfang 2013): „Auch soll der Süßholzzucker (Glycyrrhizin) die Produktion eines Virusproteins der Herpesviren blockieren, das normalerweise die Entdeckung des Erregers durch die Zelle verhindert. Ohne dieses Protein bemerken die Zellen den Eindringling und leiten ihren eigenen Tod ein. Die dafür nötige Dosis ist allerdings viel zu hoch, um durch normalen (gesundheitlich unbedenklichen) Lakritzkonsum erreicht zu werden, und wurde nicht am lebenden Menschen, sondern nur an Zellkulturen nachgewiesen (J. Clin. Invest. 115(3): 591-593 (2005)."

Für die **Gehalte an Glycyrrhizin im Süßholz** werden unterschiedliche Werte genannt, die **zwischen 3 und 14 %** liegen (nach unterschiedlichen Analysemethoden!). Der Erntezeitpunkt und die Herkunft sind sicher entscheidend. Aber auch die Analysenmethode ist sicher wichtig zur Bestimmung des wahren Gehaltes!

Die von mir für die Behandlung des Pferdes gefundene notwendige Dosis ist abhängig von der Stärke der Symptome, die von der Art und Menge des auslösenden Allergens (bei Headshaking z.B. von der Stärke des Pollenflugs), der inneren Erregung des Pferdes und dem Pferd selbst abhängt, und muß individuell ausgetestet werden.

Im allgemeinen ist bei geringer Allergenbelastung schon ab geringen Mengen von ungefähr 1 Gramm Süßholz pro 100 Kilogramm Körpergewicht eine beginnende Abnahme der Symptome (z.B. Nasereiben) feststellbar. Die Wirkung verstärkt sich dann deutlich bei Erhöhung der Dosis.

Sinnvolle Dosierungen liegen offenbar bei Headshakern zwischen 1 und 10 Gramm pro 100 Kilogramm Körpergewicht, **meist um die 5 Gramm pro 100 Kilo Körpergewicht**. Diese Mengen sind aber auch von der Qualität des verwendeten Süßholzes abhängig, die naturgemäß bei Naturstoffen schwankt, und sollten **individuell ausgetestet** werden! Dies ist aber sehr einfach, da man einfach die Menge langsam steigert, bis die erwünschte Wirkung eingetreten ist.

Anders als bei Ingwer und Meerrettich, die in bislang allen beobachteten Mengen gefahrlos zu verabreichen waren, ist aber **bei Süßholz mehr Vorsicht geboten!** Hohe **Dosierungen** können nämlich aufgrund der mineralcorticoiden Wirkung zu einer **Erhöhung des Cortisolspiegels** im Blut führen und gleichzeitig zu einer **Erhöhung des Natriumgehaltes** und einer **Absenkung des Kaliumgehaltes**! Dies führt dann zur Bildung von Ödemen, wie sie bei Menschen bei Cortisolgaben als unerwünschte Nebenwirkungen bekannt sind. (Umgangssprachlich spricht man häufig von Cortison, gemeint ist aber stets Cortisol!) Eine Änderung im Blutbild war bei meinem englischen Vollblüter zwar erst ab 8 Gramm pro 100 Kilo Körpergewicht nach 1 ½ Monaten Fütterung dieser Menge feststellbar, wobei die Werte immer noch im Normalbereich lagen und keine Ödeme feststellbar waren. Trotzdem sollte meines Erachtens mindestens **bei höheren Dosierungen** (über 5 Gramm pro 100 Kilogramm Körpergewicht) eine regelmäßige **Kontrolle des Blutbildes durch einen Tierarzt** erfolgen (Zeitraum ungefähr alle 2 Monate)!

Für Pferde mit Stoffwechselstörungen gilt das auch schon bei geringeren Mengen! Die zu überwachenden Parameter sind das oben erwähnte **Cortisol** (stark tageszeit-abhängig, daher muß immer ungefähr zur gleichen Tageszeit gemessen werden, um vergleichbare Werte zu erhalten!), **Natrium** und **Kalium**.

Überhaupt ist es vorteilhaft, die Dosis immer dem Bedarf anzupassen und, wenn der allergieauslösende Reiz (z.B. die Pollen zum Winter hin) abnimmt, entsprechend zu senken. Es gibt aber auch gute Gründe, eine bestimmte Dosierung nicht zu unterschreiten, weil durch diese Menge die Herpesviren langsam abgetötet werden, wenn die Allergenbelastung schon gering geworden ist.

Man sollte das Süßholz **nicht nur kurweise** geben, **sondern mindestens im ersten und zweiten Behandlungsjahr dauerhaft während der ganzen Saison**, in der das Headshaking auftritt, weil man auf diese Weise mit der Zeit auch das „**Schmerzgedächtnis**" des Pferdes löscht, das seinen Körper „gelehrt" hatte, schon auf immer geringere Mengen an Allergen, z. T. auch durch Aufregung oder Panik verstärkt, zu reagieren.

Die Behandlung des Pferdes sollte bevorzugt bereits einige Zeit vor der erwünschten Linderung begonnen werden, und das **Anfüttern** sollte **langsam** geschehen, wie bei jeder Fütterungsänderung bei Pferden üblich.

Exemplarisch gebe ich hier die erfolgreiche Behandlung meines Vollblüters wieder, des ersten und bestuntersuchten Pferdes der Untersuchung. Die anderen Pferde folgten erst später im Frühjahr und deren **Anfütterung** erfolgte daher deutlich schneller (**binnen ungefähr ein bis zwei Wochen auf ungefähr 5 Gramm pro 100 Kilo Körpergewicht**). Mein englischer Vollblüter (Jahrgang 1987) erhält das Süßholz nun schon über 4 Jahre hinweg während der Pollenflugsaison. Interessant dabei war, daß die für die gleiche zu beobachtende Linderung **benötigte Menge** dabei **von Jahr zu Jahr etwas abnahm**. Besonders stark war dieser Rückgang der notwendigen Dosis im letzten Beobachtungsjahr (2012) vor der Neuauflage dieses Buches Jahr, in dem nur noch eine maximale Süßholzmenge von etwas über 1,5 Gramm pro 100 Kilo Körpergewicht nötig war und das Pferd dabei trotzdem noch geringere Symptome als im Vorjahr zeigte! Es scheint also über die Jahre hinweg zu einer **teilweisen Heilung** des Headshakings zu kommen! Der Grund hierfür ist noch nicht geklärt.

Zusammenfassung der Untersuchung an meinem englischen Vollblüter:
Der Versuch lief bisher über 4 Jahre hinweg (2009 bis 2012). Das Pferd war durch das Süßholz im Sommer wieder reitbar, und es konnte den Sommer genießen! Von Jahr zu Jahr trat darüber hinaus sogar noch eine weitere Verbesserung auf, die es ermöglichte, die Süßholzdosierungen zu senken! Negative Nebenwirkungen traten bei keiner der eingesetzten Dosierungen auf. Die **Herpestiter** auf Antikörper von Equinem Herpesvirus-1 (EHV-1) und Equinem Herpesvirus-4 (EHV-4) **nahmen** durch Fütterung von Süßholz über den Zeitraum von 8 Monaten hinweg im **ersten** Jahr **signifikant** um (mindestens) den Faktor 8 bei EHV-1 und den Faktor 4 bei EHV-4 **ab**!
Dies war zuvor von meiner Tierärztin für nicht möglich gehalten worden!
Im zweiten Jahr war die Abnahme der Titer bei gleicher Dosierung des Süßholzes schon erkennbar geringer, im dritten Jahr noch geringer und im vierten Jahr fast verschwunden! Die Titer lagen zu Beginn der Fütterung im Jahr 2009 zwar nicht im Bereich, der eine aktive Erkrankung anzeigte, sondern darunter, wichtig ist meines Erachtens aber: Die Behandlung scheint die Möglichkeit zu bieten, das Herpesvirus sogar im "schlafenden" (latenten) Zustand im Nervensystem zurückzudrängen, was zuvor nicht möglich war und auch nicht für möglich gehalten wurde! Daß die Titer sich während der Zeit der Nichtfütterung (Winter) wieder erholten, sich bei gleichem Titer aber im nächsten Jahr

weniger Symptome zeigten, ist verwunderlich. Nun gibt es aber Gedächtniszellen für Antikörper, die auch dann noch langfristig Antikörper nachliefern, wenn gar keine Herpesviren mehr vorhanden sind. Insofern glaube ich immer noch an eine Bekämpfung der latenten Viren durch das Süßholz und eine Verringerung des Einflusses auf den Titer, je geringer die Menge der latenten Viren im Nervensystem wurde.

Die hierfür nötigen Mengen betrugen im **ersten Behandlungsjahr** als Richtwert ungefähr 5 bis 6 Gramm pro 100 Kilo Körpergewicht. Verwendet wurde **in dieser Untersuchung** ein **chinesisches gemahlenes Süßholz** mittlerer Qualität, aber nicht alt. (Eine vermutlich alte Charge aus einem Teeladen wirkte deutlich schlechter!)
Die Blutwerte wurden regelmäßig kontrolliert.

Verlauf der Anwendung bei meinem Pferd:
Englischer Vollblutwallach, Schimmel, geboren 12.2.1987, 1,54 Stockmaß, etwa 450 Kilo Gewicht, seit Februar 1994 im Besitz. Gehalten in großer Box mit großem Paddock. Fütterung mit Heu, Gras, Hafer, Äpfel, Karotten. Keine Fertig- oder Mineralfuttermittel! Seit September 2003 erhält er Ingwer wegen einer Hornsäule und Melanomen an der Schweifrübe und seit 2005 drei Mal in der Woche Meerrettich, zur Gesunderhaltung des Zahnapparates.
Von dem Pferd wurde seit Beginn der Gabe von Ingwer jährlich mindestens ein großes Blutbild gemacht. Ingwer und Meerrettich hatten keine offensichtlichen, beobachtbaren Einflüsse auf die Parameter des üblichen großen Blutbildes gehabt, die mit sporadisch zuvor stattgefundenen Blutuntersuchungen verglichen werden konnten.
Das Pferd war seit seinem Kauf im Februar 1994 Headshaker, doch hatte das Headshaking über die Jahre hinweg zugenommen. Verschlechterungsschübe traten durch Herpes-Impfung mit Aktiv- und Passivimpfstoff 2001 und einen Desensibilisierungs-versuch gegen Pollen auf, eine Verbesserung hingegen durch Weglassen von Futtermitteln mit Zusatzstoffen, die er bis zum Jahr 2000 über mehrere Jahre hinweg erhalten hatte. Es bestand auch ein sehr deutlicher Zusammenhang zwischen der Reizung der Huflederhaut durch die Hornsäule in seinem Huf und dem Ausmaß des Headshakings.
Im Jahr 2009 wurde aufgrund der Hypothese, daß Herpes an Headshaking beteiligt sein könnte, der Versuch unternommen, das Headshaking während der Pollenflugzeit durch Süßholz zu vermindern.
Die folgende Auflistung gibt den Zeitplan der verfütterten Süßholzmengen und der Blutuntersuchungen (erweitertes großes Blutbild) wieder. Außer Natrium und Kalium wurde auch Cortisol beobachtet, sowie die Antikörpertiter von EHV-1 und EHV-4.
Das Süßholz war bei täglichen Mengen, die höher als 2 Gramm pro 100 Kilo Körpergewicht lagen, zu gleichen Teilen auf das Morgen- und Abendfutter verteilt. Die Blutuntersuchungen fanden (umgerechnet auf die Standard-Winterzeit) zwischen 18.15 Uhr und 19.00 Uhr statt, jeweils zwischen ¼ bis 1 Stunde nach der Kraftfuttergabe, in der die abendliche Süßholzdosierung enthalten war. Die ganze Zeit der Untersuchung hindurch (und schon lange Zeit zuvor!) erhielt das Pferd 4 Gramm, in den letzten beiden Jahren 5 Gramm granulierten nigerianischen Ingwer pro 100 Kilo Körpergewicht im

Abendfutter. Die abendliche Süßholzgabe fand zusammen mit dem Ingwer in eingeweichten (nicht triefenden) strukturreichen Heu-/Wiesencobs (etwa 0,5 Kilo Trockenmasse plus Wasser) statt. Die morgendliche Gabe von Süßholz erfolgte in Quetschhafer, der mit sehr wenig Wasser nur leicht befeuchtet war, damit das Süßholzpulver daran haftete und dem Pferd beim Atmen nicht in die Nüstern gelangen konnte.

Erhöhungen der Süßholzdosierung fanden statt, um eine zunehmende Pollenbelastung zu kompensieren. Verringerung der Menge fand statt, als die Pollenbelastung (und damit das Headshaking) offenbar abnahm.

Im Oktober des ersten Behandlungsjahres wurde die Menge allerdings nicht weiter reduziert, obwohl die Pollenbelastung stark abgenommen hatte. Grund war, den Einfluß von Süßholz auf den Herpestiter bei geringer Pollenbelastung untersuchen zu können.

Ab 26.2.2009: Täglich 0,5 Gramm Süßholz pro 100 Kilo Körpergewicht
ab 4.3.2009: Täglich 1 Gramm Süßholz pro 100 Kilo Körpergewicht
ab 8.3.2009: Täglich 1,5 Gramm Süßholz pro 100 Kilo Körpergewicht
ab 3.4.2009: Täglich 2 Gramm Süßholz pro 100 Kilo Körpergewicht
ab 11.4.2009: Täglich 2,5 Gramm Süßholz pro 100 Kilo Körpergewicht
Am 15.4.2009 Blutprobe:

Cortisol:	2,0 Mikrogramm/Deziliter (Normalwert: 2,9-9,1)
EHV-1 Antikörpertiter:	1:64 (Normalwert: ≤1:64)
EHV-4 Antikörpertiter:	1:128 (Normalwert: ≤1:256)
Natrium:	142 Millimol/Liter (Normalwert: 125-150)
Kalium:	4,5 Millimol/Liter (Normalwert: 2,8-4,5)

Werte für EHV-1 von 1:64 und EHV-4 von 1:128 waren bereits im Jahr 2004 Ende Juli gefunden worden. 2 Wochen zuvor lagen sie damals bei 1:64 und 1:64.

ab 20.4.2009: Täglich 3 Gramm Süßholz pro 100 Kilo Körpergewicht
ab 26.4.2009: Täglich 4 Gramm Süßholz pro 100 Kilo Körpergewicht
ab 1.5.2009: Täglich 4,5 Gramm Süßholz pro 100 Kilo Körpergewicht
ab 9.5.2009: Täglich 5,5 Gramm Süßholz pro 100 Kilo Körpergewicht
Am 19.5.2009 Blutprobe:

Cortisol:	1,9 Mikrogramm/Deziliter (Normalwert: 2,9-9,1)
EHV-1 Antikörpertiter:	1:12 (Normalwert: ≤1:64)
EHV-4 Antikörpertiter:	1:64 (Normalwert: ≤1:256)
Natrium:	140 Millimol/Liter (Normalwert: 125-150)
Kalium:	4,2 Millimol/Liter (Normalwert: 2,8-4,5)

Über dieses Ergebnis der Blutuntersuchung war meine Tierärztin sehr erstaunt und merkte an, daß sie sich ein weiteres Fallen unter den Wert 1:12 eigentlich nicht vorstellen könne.

ab 22.5.2009: Täglich 6 Gramm Süßholz pro 100 Kilo Körpergewicht
ab 5.6.2009: Täglich 7 Gramm Süßholz pro 100 Kilo Körpergewicht

ab 8.6.2009: Täglich 8,5 Gramm Süßholz pro 100 Kilo Körpergewicht
Am 16.7.2009 Blutprobe:

Cortisol:	7,8 Mikrogramm/Deziliter (Normalwert: 2,9-9,1)
EHV-1 Antikörpertiter:	1:16 (Normalwert: ≤1:64)
EHV-4 Antikörpertiter:	1:64 (Normalwert: ≤1:256)
Natrium:	144 Millimol/Liter (Normalwert: 125-150)
Kalium:	3,2 Millimol/Liter (Normalwert: 2,8-4,5)

Der EHV-1-Wert war also wieder etwas angestiegen, was aber mit der sehr hohen Pollenbelastung zu dieser Zeit zusammenhängen dürfte, aufgrund derer zwar eine höhere Süßholzmenge gegeben wurde, die aber offenbar nicht ganz ausreichte, um gegen alle freigesetzten Herpesviren anzukommen. Symptomatisch betrachtet war das Headshaking trotz der gegenüber der vorherigen Untersuchung erhöhten Dosierung etwas stärker geworden, was zeigte, daß eine weitere Erhöhung notwendig gewesen wäre, die aber aus Unsicherheit über deren gesundheitliche Auswirkung nicht durchgeführt wurde, auch wenn keine Ödeme zu beobachten waren.

Der Cortisolwert war diesmal verglichen mit der vorherigen Untersuchung deutlich erhöht, aber noch im Normalbereich. Der Kaliumwert begann zu sinken, war aber auch noch normal.

Nach dieser Blutuntersuchung wurde die Süßholzdosierung gesenkt, da der Höhepunkt der Pollenbelastung offenbar überschritten war.

ab 16.7.2009: Täglich 6 Gramm Süßholz pro 100 Kilo Körpergewicht
ab 18.7.2009: Täglich 5,5 Gramm Süßholz pro 100 Kilo Körpergewicht
Am 28.10.2009 Blutprobe:

Cortisol:	1,5 Mikrogramm/Deziliter (Normalwert: 2,9-9,1)
EHV-1 Antikörpertiter:	1:6 (Normalwert: ≤1:64)
EHV-4 Antikörpertiter:	1:32 (Normalwert: ≤1:256)
Natrium:	141 Millimol/Liter (Normalwert: 125-150)
Kalium:	4,0 Millimol/Liter (Normalwert: 2,8-4,5)

Ohne Belastung durch Pollen hat Ende Oktober schon die reduzierte Menge an Süßholz ausgereicht, den Herpes-Titer sowohl für EHV-1 als auch EHV-4 zu drücken.

Die Wirkung von Süßholz auf EHV-1 scheint stärker zu sein als die auf EHV-4. Die Wirkung auf andere Herpesvirentypen wurde nicht untersucht. Eine Wirkung ist aber wahrscheinlich, da die Typen untereinander verwandt sind.

Im **Jahr 2010** wurde ähnlich vorgegangen, aber bereits Mitte Januar mit der Süßholzfütterung in geringer Dosierung begonnen, als noch keine Symptome vorhanden waren. (Bluttests wurden am 13.1., 15.4., 8.7., 5.8., 28.10. und 24.11. durchgeführt.) Die Dosis wurde dann bis April auf etwa 5,5 Gramm pro 100 Kilo Körpergewicht gesteigert, ab Juni bis auf etwa 6 Gramm pro 100 Kilo Körpergewicht. Ab Anfang Oktober wurde die Dosis dann auf 4 Gramm pro 100 Kilo Körpergewicht reduziert und Anfang November binnen einer Woche ausgeschlichen.

Der EHV-1 Titer startete bereits ohne Süßholzfütterung mit nur 1:8 im Januar und fiel während der maximalen Süßholzdosierung auf 1:6. Am Ende des Jahres, nach Beendigung der Süßholzfütterung, lag er aber wieder bei 1:24. Der EHV-4 Titer startete im Januar mit 1:32 und stieg dann während des Jahres langsam an auf 1:64.

Trotz des Anstieges der EHV-Titer gegenüber dem Vorjahr war ein geringeres Headshaking zu verzeichnen, obwohl die Dosis gegenüber dem Vorjahr etwas reduziert war. Der Cortisolspiegel erreichte nur einmal im Juli einen Wert von 3,5 Mikrogramm pro Deziliter und lag sonst bei 2,0 bis 2,4, sicherlich bedingt durch die gleichzeitige Ingwerfütterung.

Im **Jahr 2011** wurde im wesentlichen so verfahren wie 2010, mit gleichen Dosierungen. Bluttests wurden am 14.1., 16.3., 17.5., 11.8. und 9.11. durchgeführt. Das Pferd reagierte erneut weniger stark auf Pollen als im Jahr zuvor. Es war also eine weitere, wenn auch nicht starke, Besserung eingetreten. Diese Besserung trat zudem bei EHV-Titern auf, die von Anfang des Jahres an gegenüber dem Vorjahr deutlich erhöht waren. Der EHV-1 Titer stieg zum Sommer hin sogar deutlich an! Zu Beginn des Jahres 2011 lag der EHV-1 Titer bei 1:32 und der EHV-4 Titer bei 1:64. Im August lag der EHV-1 bei 1:128 und der EHV-4 bei 1:64. Und im November, ohne Pollenaktivität und ohne Süßholzfütterung, lag der EHV-1 bei 1:64 und der EHV-4 bei 1:32. Der maximale Cortisolwert betrug 3,8 Mikrogramm pro Deziliter im August, sonst 2,1 bis 2,7.

Im **Jahr 2012** wurde erst deutlich später (Anfang März) mit der Süßholzfütterung begonnen, da sich auch erst sehr spät Symptome zu zeigen begannen! Zudem war auch nur eine wesentlich (!) geringere maximale Süßholzmenge (nur noch 1,5 Gramm pro 100 Kilo Körpergewicht) nötig als die Jahre zuvor und dies gleichzeitig bei deutlich geringeren Symptomen auf Pollen! Offenbar war während des Winters eine Teilausheilung der Pollenallergie erfolgt. Die Gründe hierfür sind aber nicht klar. Bluttests wurden am 21.2., 15.5., 5.8 und 15.11. durchgeführt. Der EHV-1 Titer lag im Februar bei 1:64, im Mai bei 1:32. Der EHV-4 Titer lag zuerst bei 1:32, dann im Mai bei 1:48. Im August waren die EHV Titer versehentlich nicht untersucht worden. Im November lagen beide Werte bei 1:32. Die Cortisolwerte erreichten eine Spitze von 4,8 Mikrogramm pro Deziliter im Mai, sonst lagen sie bei 1,4 (zwei Mal) bis 2,1. Die Werte von 1,4 wurden gemessen, als das Pferd wegen einer Erkrankung im August eine Ingwerdosis von 15 Gramm pro 100 Kilo Körpergewicht und gleichzeitig von 25 Gramm frisch geriebenem Meerrettich pro 100 Kilo Körpergewicht erhielt und nach der fünfwöchigen Meerrettichbehandlung seiner Zahnvereiterung (Oktober 2012, siehe Teil B des Buches, Seiten 69 und70).

Überraschenderweise hat sich also in dem langfristig über fast 4 Jahre laufenden Versuch zur Behandlung von Headshaking gezeigt, daß es möglich ist, **Pferden** therapeutisch **ausreichende Dosierungen** an Süßholz **langfristig** ohne Nebenwirkungen zu verabreichen. Die Pferde zeigten auch deutlich mehr Freude bei der Arbeit und freuten sich darauf, den Stallbereich verlassen zu können und trainieren zu dürfen! Dabei schwitzten sie auch weniger.

Die Behandlung scheint auch anfangs den **Herpestiter** sehr deutlich zu **senken**. Dies ist meines Erachtens nur dadurch möglich, daß hierbei auch „schlafende" Viren im Nervensystem vernichtet werden. Wieso der Titer in späteren Jahren ohne Wiederaufflammen der Symptome wieder ansteigt, ist unklar. Sogenannte Gedächtniszellen des Immunsystems könnten hier aber eine Rolle spielen.

Der **Cortisolgehalt** im Blut meines Vollblüters war überraschenderweise in den meisten Fällen **niedriger als der Normalbereich**, was vermutlich an der langjährigen Fütterung von Ingwer liegt. Der Cortisolwert entsprach stattdessen trotz seiner 25 Jahre (2012) dem eines sehr **jungen Pferdes**! Nur zum Zeitpunkt der Fütterung der Maximalmenge an Süßholz lag er im Normalbereich für seine Altersgruppe. (Auch beim Menschen erhöht sich der Normalbereich des Cortisolspiegels im Blut mit dem Lebensalter.)
Ein Cortisolwert aus der Zeit vor der Süßholz-Headshaking-Untersuchung ist zwar nicht bekannt, da Cortisol standardmäßig nicht zum großen Blutbild gehört. Ein durch Ingwerfütterung erniedrigter Cortisolgehalt im Blut erklärt aber zwanglos, wieso **Ingwer** z.B. Pferden **hilft**, die an **Equinem-Cushing-Syndrom** (ECS) leiden! (Diese Wirkung zeigte sich als Nebenwirkung bei Cushing-Pferden mit Arthrosen, die wegen ihrer Arthrosen mit Ingwer behandelt wurden.) Cushing-Pferde weisen u. a. einen Cortisolüberschuß im Blut auf, der zu den krankheitstypischen Symptomen führt (z.B. verzögerter Fellwechsel, u. a.). **Pferde**, die **Ingwer** erhalten, wechseln hingegen ihr Fell leicht und wirken auch allgemein **jünger**!
Negative Nebenwirkungen hat der etwas niedrigere Cortisolwert offensichtlich nicht. Vermutlich ist er sogar von Vorteil! Ich vermute, er ist die Reaktion des Körpers darauf, daß durch den Ingwer bereits genügend entzündungshemmende Substanzen im Körper vorhanden sind. Der niedrigere Cortisolwert erklärt auch, wieso das Immunsystem durch Ingwer nicht beeinträchtigt wird, obwohl Entzündungshemmer dieses im allgemeinen schwächen. (Cortisol schwächt nämlich auch die Immunabwehr gegen Keime!)

Dies alles legt nahe, daß es möglich ist, durch Ingwerfütterung den Cortisolspiegel im Blut zu drücken und dadurch eventuellen Nebenwirkungen des Süßholzes bei hohen Dosierungen entgegenzuwirken. Sinnvoll sind hier Dosierungen von ungefähr 4 Gramm Ingwer pro 100 Kilo Körpergewicht, die langsam (binnen etwa einer Woche) angefüttert werden können.
Da bei den anderen 4 Pferden, die 2009 mittels Süßholz über mehrere Monate hinweg gegen Headshaking behandelt wurden, auch ohne Ingwerfütterung keine Ödeme oder anderen Symptome eines zu hohen Cortisolgehaltes im Blut auftraten (es waren überhaupt keine negativen Nebenwirkungen zu verzeichnen!), scheinen aber Dosierungen von bis zu 6 Gramm Süßholz pro 100 Kilo Körpergewicht, wie sie bei diesen Pferden angewendet wurden, auch ohne Ingwerfütterung noch sicher zu sein.
Blutbilder zur Bestimmung des Cortisolgehaltes im Blut müssen, um repräsentativ zu sein, immer ungefähr zur gleichen Zeit des Tages genommen werden, weil der

Cortisolspiegel sehr stark von der Tageszeit abhängig ist! Sonst hat man keinen verläßlichen Vergleichswert an der Hand, an dem man ablesen kann, ob der Cortisolspiegel beginnt sich stark zu verändern. Der überwachende Tierarzt sollte also entsprechend zur richtigen Zeit kommen! (Beim Menschen fällt der Cortisolspiegel zur Nacht hin und steigt zum Morgen wieder an. Beim Pferd ist dies wohl ähnlich.)

Über die Wirkungsweise des Süßholzes läßt sich nur spekulieren, da genauere Untersuchungen noch fehlen. Meiner Meinung nach handelt es sich um eine Kombination aus mindestens zwei **Wirkungsweisen**, einer **antiallergischen** und einer **antiviralen** gegen das Herpesvirus.
(Es könnte auch eine antivirale Wirkung gegen ein anderes am Headshaking beteiligtes Virus vorliegen. Bornaviren sind hin und wieder auch in der Diskussion. Süßholz wirkt nämlich nicht nur spezifisch gegen das Herpesvirus, sondern auch gegen andere Viren. In Japan wird Süßholzzucker z.B. bei chronischer Hepatitis C eingesetzt.)
Auf eine antiallergische Wirkungsweise schließe ich, weil Süßholz bei geringen Pollenbelastungen auch schon in relativ geringen Mengen wirkt, und außerdem sehr schnell (binnen eines Tages).
Auf eine antivirale Wirkungsweise weist meines Erachtens sehr stark hin, daß das Headshaking bei ihm auch nach Absetzen der Süßholzfütterung in solchen Situationen deutlich vermindert blieb, in denen er sonst auch ohne Pollenflug stark mit dem Kopf geschüttelt hätte, z.B. bei Regen oder Nebel. Offenbar hat also während der Fütterung von Süßholz eine teilweise Heilung des Headshakings stattgefunden. Diese wäre elegant damit zu erklären, daß die Menge an latenten Viren im Trigeminusnerv im Verlauf der Süßholzbehandlung abgenommen hat.

Neben der vermuteten antiallergischen und der nachgewiesenen antiviralen Wirkung ist auch noch ein **weiterer Wirkungsmechanismus möglich**: Süßholz enthält z.B. auch **Isoliquiritigenin**, einen Stoff, der die Produktion des Neurotransmitters Dopamin im Nervensystem blockieren bzw. mindern kann. Dies dürfte zu einer Verringerung der Schmerz- oder Juckreizweiterleitung im Nervensystem führen!
Vermutlich handelt es sich aber um eine **Addition mehrerer Wirkungen durch unterschiedliche Komponenten** (auch weitere, nicht untersuchte) **im Süßholz** zu einer deutlich beobachtbaren Gesamtwirkung.
Eine Abklärung der genauen Wirkmechanismen an Universitäten wäre wünschenswert und könnte zu weiteren Optimierungen, auch für den Menschen, führen!

Kurzanleitung zur Fütterung von Süßholz an Pferde

Süßholz gegen Headshaking oder zur Herpesbekämpfung

1.) Anfüttern auf eine Menge von etwa **5 bis 6 Gramm pro 100 Kilo Körpergewicht binnen etwa ein bis zwei Wochen.** Das Süßholz ist bevorzugt gemahlen oder grießförmig und sollte nicht zu alt sein. Der Großhandel hat vermutlich geeignetere, weil frischere Ware als etwa Teehäuser.

Süßholz wird von den meisten Pferden gut akzeptiert. Die Fütterung erfolgt bevorzugt in eingeweichten Heu-/Wiesencobs oder in leicht angefeuchtetem Kraftfutter, damit das Pulver den Pferden nicht in die Nüstern staubt. (Sehr unangenehm!)

Vorzugsweise verteilt man die Tagesmenge auf **morgens und abends**. Das Futter für die Morgenfütterung kann schon am Vortag hergerichtet werden, indem man das Kraftfutter mit sehr wenig Wasser (meist reicht ein Handteller voll) anfeuchtet und dann das Süßholz dazugibt und umrührt. Bis zum Morgen ist das Wasser zwar aufgesogen oder verdunstet, aber das Pulver bleibt an der Oberfläche des Kraftfutters kleben und staubt dem Pferd nicht mehr in die Nüstern. Außerdem klebt bei solcher Vorgehensweise beim Entleeren das Futter nicht im Eimer.

Bevor man mit dem Anfüttern des Süßholzes beginnt, ist es meiner Meinung nach sinnvoll, ein **Blutbild** nehmen zu lassen, welches die Werte **Cortisol**, **Natrium** und **Kalium** beinhaltet. (Die **Herpestiter** sind **optional** (leider nicht billig), aber eben interessant.) Man weiß dann, von welchen Werten aus man „gestartet" ist.

2.) Wenn die Süßholzdosierung ausreicht (deutlicher Rückgang des Headshakings), so behält man die Dosis bei. Etwa einen Monat nach Erreichen der Dosis macht man ein Blutbild. Reicht die Dosierung nicht, erhöht man weiter. **Höhere Dosierungen** sollten besonders **auf das Auftreten von Symptomen**, wie z.B. Ödemen, hin **überwacht** werden. Alle 2 Monate sollte man bei Dosierungen von mehr als 6 Gramm pro 100 Kilo Körpergewicht meines Erachtens ein Kontrollblutbild machen. Bei einer Dosierung von 5 bis 6 Gramm pro 100 Kilo Körpergewicht reicht wohl ein Kontrollblutbild alle drei Monate aus, es ist dann eigentlich nicht mit einer deutlichen Veränderung in den Blutwerten zu rechnen, außer, wenn das Pferd gesundheitlich vorbelastet sein sollte.

3.) Nach Ende der Headshaking-Saison (häufig Ende des Pollenfluges) **Ausschleichen** des Süßholzes **binnen ungefähr einer Woche**. Interessant ist ein Kontrollblutbild vor Beginn des Ausschleichens.

D. Behandlung von Pilzerkrankungen beim Pferd

Pilzerkrankungen beim Pferd sind mit den klassischen Mitteln, die vom Tierarzt verordnet werden, oftmals nur **langwierig** zu behandeln und treten, gerade in großen Beständen von Schulpferden, bei denen das gleiche Putzzeug oder die gleichen Sättel für unterschiedliche Pferde verwendet werden, durch **Wiederansteckung** immer wieder auf. Durch eine wissenschaftliche Kurzmitteilung des **Botanischen Instituts der Universität Bonn (Prof. Frahm)** wurde ich auf die **extrem starke fungizide (pilzabtötende) Wirkung von Moosen** aufmerksam gemacht. Dort wurde auch darauf hingewiesen, daß der alkoholische Extrakt einiger Moose sogar **deutlich stärker fungizid wirkt als käufliche Fungizide** zur Behandlung von Pflanzen (und Menschen) bei Pilzbefall. Ausprobiert habe ich dies das erste Mal, als zwei unserer Pferde im Stall an mehreren Stellen einen Pilz an der Schweifrübe bekamen. Beim Auftreten eines solchen Pilzes hatte ich zuvor stets ein Präparat mit dem Wirkstoff Econazol mit Erfolg eingesetzt. Durch nur zwei bis drei Behandlungen mit diesem Mittel hatte ich damals diesen Pilz an der Schweifrübe stets beseitigen können.

Bei den neuen Fällen hatte ich dann statt Econazol einfach einen leicht angefeuchteten Matsch aus **zerriebenem Moos**, welches zufällig gerade vor der Boxentür wuchs, auf die befallenen Stellen aufgetragen und eingerieben. Bereits diese eine Behandlung reichte schon aus, um bei beiden betroffenen Pferden an allen Stellen den Pilz völlig zu beseitigen! Das zerriebene Moos hatte sich damit als wirkungsvoller erwiesen, als ein käufliches starkes Antimykotikum! (Ein Klassenkamerad hat danach sogar einen Goldfisch mit zerriebenem Moos von Pilzbefall befreit, später mit sehr verdünntem Moosextrakt einen Wels.)

Durch diese schnellen Heilungen neugierig geworden, habe ich ein bißchen weiter über die Gründe für diese phänomenale Wirksamkeit recherchiert (die übrigens auch vor Haut- und Nagelpilz beim Menschen nicht haltmacht! Auch bei **Flechtenbefall** sind Moose sehr effektiv, da diese eine Symbiose aus Pilz und Alge darstellen!)

Eine Erklärung liefert die **Herkunft der Moose**: Moose existieren seit **hunderten Millionen Jahren**. In dieser langen Zeit lebten sie in einer feuchten Umgebung, in der sie sich ständig gegen Pilzbefall wehren mußten. In diesem Abwehrkampf haben Sie sich einen ganzen Cocktail an Wirkstoffen als Schutzschild geschmiedet, den kein Pilz mehr durchbrechen konnte und dies, obwohl Moose meistens sogar zusammen mit Pilzen vorkommen. Aber jede Pilzspore, die auf das Moos fällt, wird durch dessen Wirkstoffe, die in der Zellwandung sitzen, abgetötet.

Ich ließ auch die Art des von mir zuerst angewendeten Mooses bestimmen, und es handelte sich dabei im wesentlichen um Silber-Birn-Moos (Bryum argenteum) mit kleinen Beimengungen von Hornzahnmoos (Ceratodon purpureus), beides sogenannte **Laubmoose**, die eigentlich sogar zu den Moosen mit der geringsten pilzabtötenden Wirkung gehören und weit verbreitet sind. Am **wirksamsten** sind sogenannte **Lebermoose**, doch sind von einigen wenigen dieser Art, die an Bäumen wachsen (nicht mit Flechten verwechseln!), auch allergische Hautreaktionen bei langfristigem Kontakt bekannt. Bei den häufigen Laubmoosen ist das nicht anzunehmen, sonst wäre das Liegen auf einer moosigen Wiese schon vielen zum Verhängnis geworden. Der Körper hat sich an den Kontakt mit diesen Pflanzen gut anpassen können.

Die **Indianer Nordamerikas** verwenden zerstoßenes **Moos** sogar zur **Wundbehandlung**, da es auch eine **antibakterielle Wirkung** besitzt. Diese haben auch schon die **Wikinger** ausgenützt: Auf ihren Fahrten hatten sie Fisch in **Torfmoose** eingewickelt. An der Universität Trondheim sind dazu auch schon erfolgreich Versuche durchgeführt worden. Der Fisch war dann wochenlang haltbar, nahm allerdings eine gewöhnungsbedürftige dunkle Farbe an!

Prof. Frahm hat auch schon Moosextrakt (in Weißwein hergestellt) getrunken, und es habe ihm offenbar gut getan, berichtete er. Auch bei der Gletschermumie „Ötzi" fand man im Magen ungewöhnliche Mengen an Moos. Das ist ein Hinweis darauf, daß die Heilwirkungen von Moosen auch schon den Menschen vor 5000 Jahren bekannt waren.

Bei einer Anwendung von **gepflücktem Moos** muß lediglich darauf geachtet werden, daß das Moos **nicht bei Frost geerntet** wird! Merkwürdigerweise besitzt solches Moos kaum noch fungizide Eigenschaften! Ansonsten kann auch noch aus einem Jahr altem getrockneten Moos ein alkoholischer, hochwirksamer Extrakt gewonnen werden.

Gerade für die Behandlung von Pilzen, die im und unter einem **Fell** sitzen, sind **alkoholische Extrakte besser geeignet**, als zerriebener „Moosmatsch", weil sie **dünnflüssiger** sind und dadurch auch tief ins Fell hineingelangen. Alkoholischen **Lebermoosextrakt** („Lebermooser") kann man z.B. über Apotheken beziehen, oder direkt beim Hersteller (www.niem-handel.de). Er hat sich in der Zwischenzeit bei vielen hundert Pferden bereits bestens bewährt. Eine Bekannte behandelte damit auch erfolgreich Fußpilz in einem Altenheim.

Auf die starke fungizide Wirkung war natürlich auch die Pharmaindustrie aufmerksam geworden, doch wurde die Forschung trotz erwiesener Wirksamkeit völlig eingestellt, nachdem sich zeigte, daß nicht ein einzelner, definierter isolierbarer Wirkstoff für die Wirkung verantwortlich war, sondern die kombinierte Wirkung einer komplizierten Mischung vieler Wirkstoffe. Sobald man begann, den extrem wirksamen Extrakt aufzutrennen, zeigten die einzelnen Fraktionen immer weniger Wirksamkeit. Damit war aber keine sinnvolle Patentierung, Grundlage für spätere Gewinne, mehr möglich und außerdem eine Zulassung als Arzneimittel extrem schwierig.

Der Fall der Moose zeigt einmal beispielhaft, wie durch ausschließlich kommerzielle Betrachtung sinnvolle Forschung auch verhindert werden kann, denn es darf (bei ständig steigenden Krankenkassenbeiträgen!) nicht sein, daß wirksame Behandlungen nur deswegen nicht angewendet werden, weil damit nichts zu verdienen ist oder deren ansonsten nachgewiesene Wirkung aufgrund der Komplexität (noch) nicht erklärt werden kann.

Zusammenfassend läßt sich sagen, daß durch die Behandlung mit Moosen oder Moosextrakten alle oder wenigstens die **meisten Hautpilze oder Flechten** beim Pferd (und Menschen!) gut und **ohne Nebenwirkungen behandelbar** sind.

Ergänzend zur Behandlung vorhandener Pilze mit Moosen oder Moosextrakt möchte ich noch darauf hinweisen, daß einige **Hautpilze** beim Menschen **stark durch Zuckerkonsum begünstigt** werden und sich trotz Medikamenten manchmal nur eliminieren lassen, wenn einige Zeit auf den **Verzehr von Zucker verzichtet** wird! Beim Pferd gilt dies sicher auch! Bei hartnäckigen Anfällen von Hautpilz sollte daher immer auf das (sowieso zweifelhafte) Füttern von Melasse (melassehaltige Müslis!), aber auch anderer leicht verwertbarer Kohlenhydrate, verzichtet werden. Idealerweise gibt man nur Heu, oder Heu und etwas Hafer.

Ein andere Einsatzmöglichkeit von Lebermoosextrakt, in Kombination mit Lebertran, zur Wachstumshemmung bei Equinen Sarkoiden wird in Kapitel I behandelt

Kurzanleitung zur Behandlung von Hautpilz:

a.) **Zerreiben von Moos mit sehr wenig Wasser** und tägliches **Auftragen des Breies** auf die befallene Haut. Spätestens nach etwa drei Tagen sollte blanke Haut vom Pilz befreit sein!
   Oder (bevorzugt):
b.) Verwendung von **käuflichem Lebermoosextrakt**. Diesen im **Verhältnis 1:5 bis 1:10 mit Wasser** verdünnen und **auf die Haut auftragen oder in das Fell gründliche einreiben**, damit alle Pilzsporen erreicht werden. (Achtung: Die Verdünnungsangabe von 1:200, die auf der Flasche angegeben ist, gilt nur für Pflanzen und als Prophylaxe! Bei Hautpilz reicht sie nicht aus! Eine Angabe für die Verwendung als Hautpilzmittel wurde wegen einer Schadensersatzklagedrohung der Pharmaindustrie unterlassen!) Auch hier ist meistens nach der ersten Behandlung der Pilz schon abgetötet, aber sicherheitshalber sollte noch einige Zeit weiter behandelt werden, zumal Pilzsporen sich im Fell oder Hautfett verstecken.

E. Strahlfäulebehandlung

Strahlfäule stellt in all den Fällen, in denen die Ursache durch eine **Änderung der Haltung** nicht abgestellt werden kann, ein großes Problem dar. Lahmheiten, Umformungen des Hufes und Hufkrebs können die Folge sein.

Sind die Hufe ständig den Fäkalien in einer eingestreuten Box ausgesetzt, so hilft bei einigen Pferden mit erblich schlechtem Hufhorn weder tägliches Waschen, noch Behandeln mit käuflichen Mitteln gegen Strahlfäule, denn es bilden sich ständig, und anfangs unentdeckt, neue **Taschen**, in denen die Fäulnis bewirkenden **anaeroben** (das heißt unter Luftabschluß arbeitenden) **Bakterien** wohl behütet ihrem zerstörerischen Treiben nachgehen können.

Selbst wenn es gelingt, in alle Taschen chemische Mittel gegen Strahlfäule einzubringen und vorhandene **Taschen** so oft wie möglich mit dem Hufmesser **aufgeschnitten** werden, so ist dem bei manchen Pferden auf Dauer doch kein Erfolg beschieden, denn die Bakterien schützen sich, wenn sie nicht einzeln sondern in Kolonien auftreten, durch einen sogenannten **Biofilm** (eine gallertartige Masse) vor den antibakteriellen Mitteln. Daher überleben immer genügend von ihnen am Grunde einer Tasche, um sich später wieder schnell zu vermehren. Weiterhin werden die Bakterien mit der Zeit **resistent** gegen das angewendete Mittel, was zum Beispiel daran erkennbar ist, daß die anfangs starke Wirkung eines Mittels nach einiger Zeit deutlich nachläßt.

1.) Schwarzer Tee gegen Strahlfäule

Im November 2005 habe ich eine sehr einfache und wirksame Behandlungsmethode gegen Strahlfäule ausprobiert: Nachdem ein Pferdehalter in einem Internetforum einmal berichtete, daß er **Mauke** sehr erfolgreich und schnell mit **starkem schwarzem Tee** beseitigt hätte, probierte ich das gleiche bei Strahlfäule aus. Mein damals 34-jähriger Wallach Waran hatte nämlich auch an einem Huf (die anderen waren alle gut) sehr starke Strahlfäule, die den ganzen Hufstrahl untergraben hatte, weil ich es nicht bemerkt hatte! (Das war wohl daher gekommen, daß ich mit einem neuen, viel zu spitzen Hufauskratzer den Strahl verletzt hatte, so daß im Verborgenen Bakterien arbeiten konnten!)

Ich hatte daraufhin mit dem Hufmesser soviel wie möglich des losen Strahlhorns weggeschnitten, aber ich mußte Teile daranlassen, als mechanischen Schutz für die darunter freiliegende Strahllederhaut.

Dann behandelte ich mehrere Wochen lang täglich mit sehr starkem schwarzem Tee **(3 gehäufteTeelöffel auf einen viertel Liter, länger als 5 Minuten gezogen)**. Ich verwendete Ostfriesentee, also einen **Assamtee**, der **mehr Gerbstoffe** enthält, als ein Darjeeling, denn die Gerbstoffe **töten** nicht nur die **Bakterien** ab, sondern machen die behandelten Hautflächen gleichzeitig für einen Neubefall mit Bakterien weniger empfänglich. (Von hellen und milden Teesorten benötigt man daher stärkere Aufgüsse!)

Ich spritzte täglich mit einer relativ großen Plastikspritze die noch vorhandenen Hohlräume mehrfach gründlich aus, stopfte dann in die Strahlfurchen mit Tee getränkte Watte und klebte dann noch ein breites Klebeband unten über den Huf, damit die Watte nicht so leicht herausfällt. **Es faulte** und stank **schon nach dem ersten Tag der Behandlung nicht mehr,** und die freiliegende Strahllederhaut war nach etwa 2 Wochen überall wieder mit Horn bedeckt.

Der Vorteil gegenüber anderen Mitteln ist die **leichte Verfügbarkeit,** die **niedrigen Kosten** und vor allem die einfache und **gefahrlose Handhabung** bei gleichzeitig sehr **schneller Wirkung.** Ich vermute, das liegt daran, daß der Tee gleichzeitig **auf doppelte Weise wirkt: antibakteriell und mild gerbend.**

Man kann sich den Tee für mehrere Tage auf Vorrat herstellen.

Wie neuere Untersuchungen am Menschen zeigen (F. Pajonk u.a., BMC Medicine, Dez. 2006), wirken sowohl grüner wie auch schwarzer Tee, äußerlich angewendet, entzündungshemmend und führen zu einer deutlich schnelleren Heilung von Hautschäden, die durch eine Strahlentherapie verursacht wurden.

In der Studie wurden Tee-Extrakte eingesetzt, die noch stärker waren (3 Gramm Tee auf 50 Milliliter Wasser, entsprechend ungefähr 5 gehäuften Teelöffeln auf einen Viertelliter), als die von mir gegen Strahlfäule angewendeten.

Es zeigte sich in dieser Studie auch wieder einmal, daß man die Wirkung nicht hauptsächlich einem bestimmten Wirkstoff zuordnen konnte (Epigallocatechingallat), sondern daß, wie auch bei Ingwer, Meerrettich,Süßholz und den Moosen, ein komplexes Zusammenwirken vieler Verbindungen dafür verantwortlich ist!

Die Studie legt die **Verwendung sehr starker Tee-Extrakte auch bei Hautschädigungen von Pferden** nahe!

2.) Schmelzhafer-/Oreganopaste gegen Strahlfäule

Obwohl man mit Schwarztee Strahlfäule effektiv und schonend behandeln kann, wäre es noch schöner, wenn sie erst gar nicht entstünde! Leider ist häufig keine so saubere Haltung möglich, als daß die Pferde keine Fäkalien unter ihre Hufe bekämen. Nicht wenige genießen es sogar, mit den Hinterhufen in ihre eigenen, noch warmen Pferdeäpfel zu treten!

Aufgabe war daher, den Huf schon **prophylaktisch** vor Fäkalien zu **schützen.** Dies kann durch Verwendung einer **Mischung aus Haferschmelz- oder -instantflocken** und **fein zerkleinertem Oregano** (Dost) erreicht werden. Der Hafer hat dabei die Funktion, eine klebrige Masse zu bilden, die gut am Hufhorn haftet. (Andere Mehle sind weit weniger geeignet, sie kleben schlechter!) Der **Oregano** weist **antibakterielle Eigenschaften** auf und tötet an der Hornoberfläche befindliche Bakterien schonend ab. Oregano bekommt man meistens gerebelt zu kaufen. Diese Form ist noch etwas zu grob, daher ist es besser, sie im Mixer noch etwas weiter zu zerkleinern.

Aus **3 Gewichtsteilen Haferschmelz- oder -instantflocken** und **1 Gewichtsteil fein zerkleinertem Oregano** läßt sich kostengünstig eine geeignete Mischung herstellen. Die Schmelz- oder Instantflocken zerdrückt man beim Vermengen der Bestandteile einfach mit der Hand zu einem Pulver.

Von dieser fertigen, gut lagerbaren Trockenmischung (die völlig unschädlich und sogar eßbar, wenn auch nicht gerade schmackhaft ist) benötigt man für ein **mittelgroßes Warmblut ungefähr 25 Gramm** für eine **Behandlung aller 4 Hufe**. Zur Anwendung am Huf vermengt man eine abgemessene Menge mit so viel Wasser, daß eine Masse entsteht, die ungefähr die Konsistenz von Knete aufweist. Meistens sind hierfür ungefähr 2 Volumenteile Trockenmischung und ein Volumenteil Wasser nötig (oder geringfügig mehr). Die genaue Mischung ist abhängig von den verwendeten Flocken. Man bekommt schnell ein Gefühl dafür.

Die Knetmasse wird dann einfach mit den Fingern (die Mischung ist sehr hautfreundlich, meines Erachtens pflegt sie sogar die Haut!) in den zuvor gesäuberten Hufstrahl eingedrückt. Auch die Hufsohle und die weiße Linie werden damit bestrichen/eingerieben. Es entsteht so eine Beschichtung, die den Huf auch in einer Matratzeneinstreu sicher vor neuen Fäulebakterien schützt. Im Gegensatz zu herkömmlichen Mitteln gegen Strahlfäule trocknet sie das Hufhorn auch nicht aus! Nach einem Tag riecht sie zwar etwas gewöhnungsbedürftig, aber sie fault nicht. Die Mischung tötet natürlich auch nur Bakterien ab, mit denen sie in Berührung kommt. In Nischen und Taschen, in die sie nicht eindringt, kann sie keine Wirkung zeigen!

Die Mischung verursacht keine Flecken auf der Kleidung. Man kann dem Pferd ohne Probleme nach der Anwendung mit den gleichen Fingern ein Leckerchen geben, da sie unschädlich, sogar eßbar, ist. Strahl und Sohle werden durch die Behandlung etwas weicher, so daß die Behandlung vor allem für Pferde mit sehr hartem Hufhorn geeignet ist!

3.) In Pflanzenöl getränkte Watte gegen Strahlfäule

Seit dem Jahr 2012 verwende ich daher in Planzenöl getränkte Watte (Baumwollwatte, da die sehr glatte Viskosewatte nicht so gut im Huf hält) zur Verhinderung von Strahlfäule, da sie den Strahl nicht weich macht. Der Huf wird zuvor gewaschen und dann trocknen gelassen, damit das Öl vom nassen Horn nicht abgestoßen wird, sondern etwas eindringen kann. Dadurch, daß das Horn an seiner Oberfläche Öl aufgenommen hat, dringt später auch nicht so leicht schädlicher Urin ins Horn ein! Die ölgetränkte Watte besitzt einen zusätzlichen mechanischen Schutzeffekt. Anfangs verwendete ich Sonnenblumenöl, welches aber zumindest mir mit der Zeit an den Fingern unangenehm wurde. Daher verwende ich jetzt bevorzugt Olivenöl, welches bekanntlich für Menschenhaut sogar pflegend wirkt! (Für empfindliche Bereiche der Pferdehaut (z.B. Schenkelinnenbereich!) ist es aber zu scharf! Der Kontakt mit Haut im Hufbereich ist aber unschädlich.) Man kann dem Öl auch noch desinfizierende Zusätze (z.B. Knoblauchöl) beimengen, wenn man möchte, doch ist dies bei täglichem Gebrauch nicht notwendig.

Das Sohlenhorn erhält durch das Öl mit der Zeit eine sehr schöne Konsistenz. Zumindest im Winter kann es für das Pferd angenehmer sein, Hufe statt mit dem Schlauch im Eimer gewaschen zu bekommen, weil man dann lauwarmes Wasser verwenden kann! Leider zieren sich einige Pferde dabei, vor allem bei den Hinterhufen!

Folgendes Verfahren hilft, Pferden das Waschen der Hinterhufe im Eimer beizubringen:

- Lauwarmes Wasser verwenden, damit das Pferd das Hufewaschen als angenehm in Erinnerung behält.

- Den Hinterhuf aufheben und so fassen, daß die Finger unter die Hufspitze greifen und der Handballen möglichst weit oben an der Zehenwand anliegt.

- Nun den Huf nach vorne aufwärts (also Richtung Bauch) drücken und dabei gleichzeitig (!) die Zehenspitze um den Handballen als Drehpunkt (und damit auch um das Hufgelenk) nach vorne drehen. Dies führt zu einer Anspannung der Beugesehne. Das Pferd arbeitet gegen den äußeren Druck an und drückt das Bein dann nach unten weg. Auf keinen Fall darf man versuchen, den Huf mit Gewalt nach unten zu ziehen, denn dann wird das Pferd versuchen, ihn nach oben wegzuziehen!

Wenn der Eimer an geeigneter Stelle steht, so kann man durch wiederholtes intervallmäßiges Drücken und Drehen des Hufes das Pferd dazu veranlassen, den Huf stückweise dem Eimer zu nähern.

Der Huf wird aber im Eimer nicht abgesetzt (schon wegen der eigenen Finger vor der Hufzehe! Daher aufgepaßt!), sondern in aufgehobener Position gewaschen! Dies gelingt sehr einfach mittels einer in der anderen Hand gehaltenen Geschirrspülbürste, mit deren Kanten man auch gut in die Strahlfurche hineinkommt.

Hat ein Pferd das Hufewaschen erst einmal als angenehm erkannt, hat man nach einiger Zeit im allgemeinen keine Probleme mehr damit.

F. Ambulante Behandlung von Hornsäulen

Hornsäulen sind Wucherungen von fehlerhaftem Horn an der Innenfläche der Hornwand, die auf die Wandlederhaut drücken und zu Lahmheiten führen können. Der genaue Grund für ihre Entstehung ist nicht wirklich geklärt, vermutlich gibt es nicht nur eine mögliche Ursache. Eitrige Hufgeschwüre, die durch den Kronrand austreten wären hier zu nennen, aber auch andere Kronsaumverletzungen, die zum Herunterwachsen fehlerhafter Hornstrukturen führen.

Hornsäulen stellen eine ständige Gefahr für die Bildung **eitriger Hufgeschwüre (Abszesse)** dar, denn entlang des minderwertigen Hornes der Hornsäule können Keime unbehelligt bis zur Lederhaut vordringen und dort zu Infektionen führen. (Häufige Hufgeschwüre an der gleichen Stelle ein und desselben Hufes deuten daher stark auf das Vorhandensein einer Hornsäule hin!) Außerdem bildet sich entlang oder in der Hornsäule häufig ein **Kanal** in Richtung der Lederhaut, da die Hornsäule die Lederhaut reizt und die sich bildende **Entzündungsflüssigkeit** sich einen Weg nach außen sucht, der am einfachsten durch das minderwertige (Narben-)Horn der Hornsäule führt.

Hornsäulen führen auf Dauer zu einer **Rückbildung des Hufbeines**, das hinter der Wandlederhaut liegt, auf die die Hornsäule drückt. Dieses Zurückweichen des Knochens vor dem Druck der Hornsäule ist auf Röntgenaufnahmen deutlich zu sehen, auch wenn die Hornsäule selbst als organisches Material unsichtbar bleibt. Wird das Hufbein an dieser Stelle zu dünn, kann es sogar brechen!

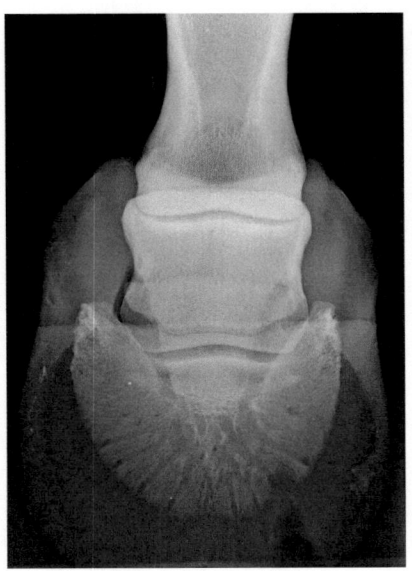

Dieses Bild zeigt das durch die Hornsäule im rechten Vorderhuf angegriffene Hufbein meines Vollblüters im April 2008. Die Hornsäule, und mit ihr die Kerbe im Hufbein, war mit den Jahren immer größer geworden.
Man erkennt auch, wo Sohlenhorn entfernt wurde, um die Hornsäule zu entlasten, wodurch die Lahmheit verschwand, weil der Druck der Hornsäule auf die Lederhaut abnahm.

Die **klassische Behandlung** von Hornsäulen sieht das **Öffnen der Hufwand** unter Narkose (u. U. bis hinauf zum Kronrand) und das **Entfernen der kompletten Hornsäule** vor! Der Huf wird dabei sehr stark geschwächt, und bis die Wand wieder hinreichend weit heruntergewachsen ist, ist eine Nutzung des Pferdes nur sehr eingeschränkt, wenn überhaupt möglich. Durch Entlastung des operierten Hufes kann es auch durch die lange Heilungsdauer zu Folgeschäden an anderen Gliedmaßen oder zu Schiefstellungen im Rücken kommen.

Alternativ wird versucht, durch **huforthopädische Maßnahmen** die Belastungen im Huf so anzupassen, daß die **Hornsäulen mit der Zeit kleiner werden** und **herauswachsen**. Dabei wird die Hornsäule selbst nicht operativ entfernt.

Dieses zweite Verfahren ist aber auch nicht immer anwendbar. Die Hornsäule im Huf drückt ja weiter auf die Wandlederhaut und das Pferd belastet daher seinen Huf nicht korrekt. Und wenn das fehlerhafte Horn z.B. ständig an einer Verletzung des Kronsaums nachgebildet wird, kann es auch nie herauswachsen!

Bei meinem englischen Vollblüter mit dünner Hufwand und Sohle hat sich daher nach langem Probieren die folgende Behandlungsmethode als vielversprechend herausgestellt, die einen Mittelweg zwischen der klassischen und der alternativen Methode darstellt:

1.) Der Huf wird **huforthopädisch in eine korrekte Form** gebracht.

2.) Die **Hornsäule** wird zuerst mit einem Hufmesser so weit es geht **vom Sohlenrand aus herausgeschnitten** und dann wird mit einem sogenannten „scharfen Löffel" kleinster oder zweitkleinster Größe, wie ihn die Tierärzte z.B. zum Ausschaben am Kiefer einsetzen, die **Hornsäule weiter nach oben entfernt/ausgekratzt**, ohne die Hufwand selbst zu zerstören. Am besten arbeitet man sich entlang des Kanales in oder an der Hornsäule entlang nach oben, bis kein Kanal mehr zu sehen ist. Auf diese Weise schafft man eine **definierte Öffnung**, die sauber gehalten werden kann. Den entstehenden Hohlraum formt man am besten so, daß ein oder mehrere kleine Wattestücke, die später hineingepreßt werden, nicht herausfallen („Sackloch").

3.) In den Hohlraum füllt man dann vorzugsweise ein **mildes Desinfektionsmittel**, welches Hufhorn nicht schädigt. Hierfür hat sich bei mir Dermacyn® als besonders geeignet erwiesen. Dermacyn® ist eine wäßrige Lösung Sauerstoff und Chlor enthaltender Verbindungen (sie riecht wie ein Schwimmbecken nach einem Hauptbesuchstag!), die sich neuerdings auch zur Behandlung von schwerheilenden Hautverletzungen beim Menschen sehr bewährt. Sie ist unschädlich (sogar im Auge!), und man kann sie ebenso am Pferd sehr gut für viele Zwecke der Wunddesinfektion einsetzen! Da sie auch gasförmige desinfizierende Verbindungen enthält, dringt sie tief in Hornritzen ein, schädigt dabei aber das Horn offensichtlich nicht.

4.) Anschließend stopft man saubere **Watte** in den immer noch mit dem Desinfektionsmittel gefüllten Hohlraum und preßt die Watte dicht zusammen. (Alternativ kann man natürlich auch getränkte Watte in das Loch stopfen.) Bei geeignet geformtem Hohlraum fällt sie dann nicht heraus. Die gestopfte Watte ist immer noch komprimierbar und drückt daher nicht wie eine Hornsäule auf die Huflederhaut.

5.) Schließlich kann man noch zur Sicherheit ein **Klebeband** über die Öffnung kleben. Ich verwende hierzu Malerabklebebänder (guter Qualität). Diese Klebebänder laufen sich zwar schnell ab, aber bis dahin ist die Watte im Hohlraum durch das Laufen noch weiter verdichtet.

6.) Der Wattepfropfen sollte **alle ein bis 2 Tage gewechselt** und der Hohlraum dabei wieder mit dem scharfen Löffel gesäubert werden. Am besten geschieht dies abends in der Box. Da der Huf sich unten abläuft und von oben herunter wächst, muß der **Hohlraum ungefähr ein Mal pro Woche mit dem scharfen Löffel nachgeformt** werden. Versäumt man dies, so beginnt das Pferd nach einiger Zeit wieder, den Huf schiefer zu belasten, wenn es erneut stärkeren Druck an der Lederhaut spürt.

Durch diese Methode habe ich bei meinem Barhufpferd mit sehr fühligen Hufen das Entstehen von infektiösen Hufgeschwüren völlig unterbunden, und auch der Huf als Ganzes begann damit zum ersten Mal, von oben herab korrekter herunterzuwachsen. Die Kerbe im Hufbein bleibt aber bei dieser Maßnahme noch bestehen. Eine Röntgenaufnahme 1 ½ Jahre später zeigte keine Verbesserung am Hufbein, aber auch keine Verschlechterung.

Eine **weitere und sehr (!) deutliche Verbesserung bei der Behandlung von Hornsäulen** ergab sich zufälligerweise aus der Behandlung eines Hornspaltes, der mittig am Huf entstanden war, weil das Pferd nach der zuvor beschriebenen Behandlung nun den Huf wieder zentraler belastete. Der Spalt entstand an der Stelle der Einbuchtung des Hufbeines (sogenannte „Crena marginis solearis") mittig vorne am Huf, die als kleine Einbuchtung im obigen Röntgenbild erkennbar ist. Da die neue korrektere Belastung für den Huf ungewohnt war, wirkte die Crena wohl wie eine Sollbruchstelle.

Nachdem der Hornspalt immer weiter nach oben wanderte und durch die bisherige Hufbearbeitung nicht in den Griff zu bekommen war, wurde der Spalt mittels eines **harzgebundenen Glasfasergewebes** überbrückt, wie es im folgenden **Kapitel G**, Behandlung von Hornspalten, beschrieben ist.

Diese **Überklebung** führte, auf den ersten Blick überraschend, dazu, daß auch die **Hornsäule deutlich stärker belastbar** wurde! Im Nachhinein gibt es aber eine sehr einfache und logische Erklärung dafür: Die **Überklebung verdickte die Hufwand** auch über der Hornsäule und diese Verdickung der Wand führt dazu, daß diese **durch den Hufmechanismus weniger deformiert** wird. Wird aber die Hufwand weniger deformiert, so **drückt auch die Hornsäule weniger** auf die unter der Hornsäule liegende Wandlederhaut! Dadurch entzündet sich diese nicht mehr so stark, und es entsteht weniger oder sogar keine Entzündungsflüssigkeit mehr. Beobachtbar war das an der Abnahme der Größe des Kanals, der sich bei meinem Pferd stets von der Hornsäule aus bis in die weiße Linie gebildet hatte.

Die Überklebung und der daraus resultierende positive Effekt zeigt aber auch noch etwas anderes: **Hufe mit Hornsäulen sollten von Huforthopäden nicht** (!), wie sie es bei normalen Hufen sonst tun, **in der gesamten unteren Hälfte dünner geraspelt werden**, um den Abrieb kontrolliert zu regeln! Vielmehr sollten die Hufwände **nur am alleruntersten Rande** entsprechend **beraspelt werden**, so daß die Dicke der Hufwand so weit wie möglich erhalten bleibt! Eine Verdünnung der Hufwand hat nämlich, wie die Physik lehrt, einen dramatischen Effekt auf die Biegbarkeit derselben: Die **Kraft**, die zum Verformen der Hufwand nötig ist, folgt nämlich einer Gleichung, in die die **Dicke der Hufwand mit der dritten Potenz** eingeht! Das heißt, bei einer **Halbierung der**

Dicke der Hufwand läßt sich diese schon mit einem **Achtel der Kraft** verbiegen, wie es bei normaler Hufwandstärke nötig wäre! Zwar ist nicht die ganze Wand ausgedünnt und auch die inneren Strukturen des Hufes stabilisieren ihn, aber der Effekt ist doch sehr stark! Ist die Hufwand geschwächt, wird dann auch das Hufbein stärker belastet, welches bei Hufen mit Hornsäulen sowieso schon gefährdet ist!

Daher: An Hufen mit Hornsäulen darf die Hufwand nicht dünner geraspelt werden! Die Korrektur des Abriebs hat im untersten Bereich des Hufes zu erfolgen (sogenannte „Mustangrolle") und muß dafür deutlich öfter geschehen!

Interessant war nun, ob die Beklebung der Hufwand, die ich auch nach dem Herunterwachsen des Hornspaltes beibehalten hatte, dazu führt, daß die Hornsäule mit der Zeit ganz herauswachsen würde, denn die Beklebung verdickte die Hornwand über die naturgegebene Dicke der Wand hinaus, wodurch ihre Verformbarkeit abnahm. Dadurch kompensierte sie die mangelnde Stabilität, die das eingekerbte Hufbein aufwies und normalisierte auf diese Weise die Verformbarkeit des Gesamthufes.

Phänomenologisch betrachtet verhielt sich der Huf nun ziemlich wie ein normaler Huf! (Ein Beschlag des Hufes schränkt zwar die Bewegung der Hornkapsel ebenfalls ein, aber nicht physiologisch, sondern sehr ungleichmäßig nur am unteren Rand. Es treten dann Konzentrationen der Kräfte an den Nägeln auf, wohingegen die Beklebung der Hufwand sehr gleichmäßig wirkt, eben so, als ob das Pferd eine dickere Hufwand hätte.)

Ein **Herauswachsen der Hornsäule** habe ich aber bei meinem Vollblüter **nicht beobachten** können. Es trat aber auch **keine Verschlechterung** ein. Bei anderen Pferden könnte das beschriebene Vorgehen aber vielleicht dennoch hilfreich für ein Herauswachsen sein, denn dabei kommt es natürlich auch sehr auf die Ursache der Hornsäule an!

G. Behandlung von Hornspalten (Tragrandspalten)

Hornspalten entstehen häufig durch dauerhafte falsche Belastung des Hufes, z.B. durch eine **falsche Hufstellung**. Sie können aber auch an **Schwachstellen** des Hufes (Narbenhorn) auftreten oder als Folge **schlechten Hufhornes** oder aufgrund eines **schlechten Hufbeschlages** durch Konzentration der Kräfte an einzelnen Nägeln. Vielfach können Hornspalten durch eine **korrekte Hufbearbeitung** beseitigt werden und wachsen dann einfach heraus. Anders sieht das bei strukturellen Schwächen des Hufes aus oder wenn die Hornkapsel des Pferdes wegen **steinigen unebenen Bodens** sehr oft einseitig belastet wird. Dann können einmal entstandene Spalten kaum herauswachsen, weil der lange Hebelarm bei jeder einseitigen Belastung im Spalt starke Kräfte an den Ursprung des Spaltes überträgt wodurch das Horn dort immer wieder einreißt.

Bei meinem Vollblüter entstand ein Hornspalt mittig in der Zehe, nachdem eine Behandlung (siehe Kapitel F) dazu geführt hatte, daß er seine Hornsäule weniger schonte und dadurch der Huf wieder zentraler abrollte. Nachdem die Hornspalte (Tragrandspalte) keine Anstalten machte, trotz korrekter Hufbearbeitung herauszuwachsen, entschloß ich mich, den **Spalt** auf einfache Weise zu **überbrücken** und dadurch die Weiterleitung von Kräften an den Ursprung des Spaltes zu verhindern, um ein Herunterwachsen zu ermöglichen. Das übliche Verfahren hierfür sind verschraubte Stahlbänder, die den Spalt überspannen. Diese Behandlung schien mir aber weniger günstig, weil dadurch die auf den Spalt wirkenden, spreizenden Kräfte konzentriert nur an den Schrauben ins Horn eingeleitet werden. Daher habe ich den **Spalt durch glasfaserverstärkten Kunststoff überbrückt**, der auf die Hufwand aufpolymerisiert wurde.

Besonders eignet sich hierfür **Glasfasergewebe** (statt Glasfaservlies), weil das Gewebe **Kräfte gerichtet** übertragen kann, wenn man es mit den Fasern senkrecht zum Spalt aufklebt.

Als Kunststoff, der das Gewebe füllt und die Verbindung zum Hufhorn herstellt, sind **Acrylharze**, **Epoxidharze** und neuerdings auch **Polyurethane** auf dem Markt erhältlich, letztere beiden sogar speziell für die Anwendung am Pferdehuf.

Ich selbst habe sowohl mit Epoxidharz als auch mit Acrylharz gearbeitet und favorisiere das einfache **Acrylharz**, welches man, ebenso wie das Glasfasergewebe, als **Reparaturset für Bootskörper und Autos** in Baumärkten billig kaufen kann. (Die Behandlung des Hornspaltes meines Vollblüters bis zum Herauswachsen nach einem halben Jahr kostete mich damit nur etwa 6 Euro an Material!) Epoxidharz ist zwar qualitativ hochwertiger als Acrylharz und auch wasserbeständiger, aber dafür meist auch viskoser und schwerer zu verarbeiten. Da das Harz keinen Klebe"beschlag" am Horn festhalten muß, reicht das Acrylharz, das aus einer Komponente plus einem Härter angerührt wird, völlig aus.

Die folgenden Bilder beschreiben den Verlauf der Behandlung des Hornspaltes bei meinem Vollblüter. Leider beginnen die Bilder nicht, als der Hornspalt maximal war und sich über die Hälfte der Zehenwand erstreckte, weil ich damals noch gar nicht wußte, ob es überhaupt funktioniert. Die erste Beklebung (mit Epoxidharz) war bereits Mitte Juni 2009 erfolgt und hatte 5 Wochen lang gehalten.

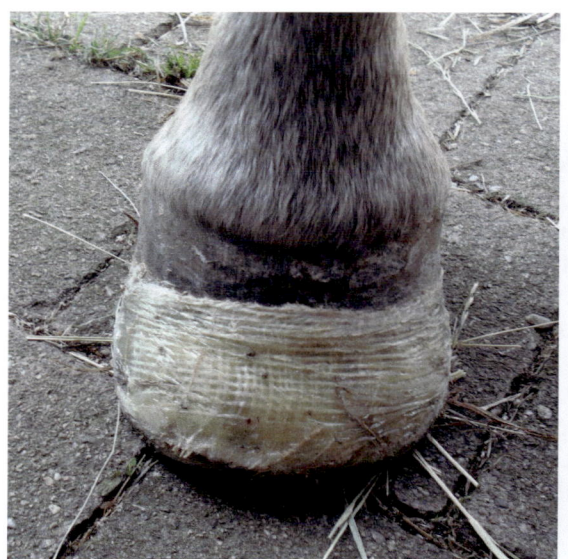

Das Bild zeigt den rechten Vorderhuf (den mit der Hornsäule) am 21.7.2009 nach einer erneuten Beklebung mit einem Epoxidharz. Unter dem durchscheinenden Harz erkennt man das Glasfasergewebe, das den Hornspalt überspannt. Das Glasfasergewebe liegt doppelt, so wie auch später im Falle von Acrylharz.

Hier der Huf am 14.8.2009, 2 Monate nach der ersten Beklebung, nachdem die vorherige Beklebung nur 3 ½ Wochen gehalten hatte (vermutlich aufgrund unsauberen Arbeitens vor dem Bekleben) und daher abgeraspelt wurde. Das Abraspeln hatte zu oberflächlichen Beschädigungen des Horns unterhalb des Kronsaums geführt, die vermeidbar gewesen wären!

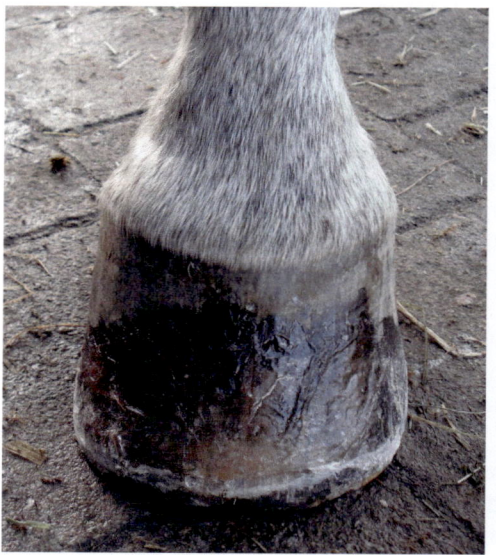

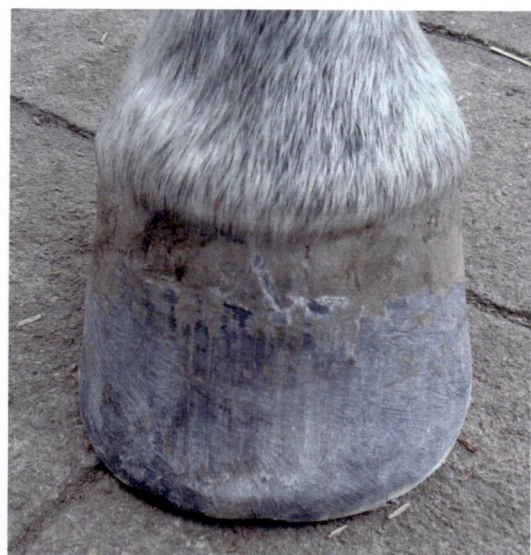

Der Huf mit einer Acrylharzbeklebung (16.10.09). Da dieses Harz dünnflüssiger ist, ist die Schicht dünner.

Der Huf am 22.11.2009. Der Hornspalt ist schon fast vollständig heruntergewachsen.

Die Beklebung geschieht folgendermaßen:
- Eine eventuell noch vorhandene **alte Beklebung** wird **abgeraspelt**.
- Anschließend wird der Huf mit einem **Schmirgelpapier** an den Stellen, auf denen beklebt werden soll, **angeschliffen**. (Wenn man den Huf nur mit der Raspel bearbeitet, hält die Beklebung nicht so lange, als wenn angeschliffen wird!)
- **Schleifstaub** wird mit einem fettfreien Tuch oder Papier **abgewischt**. (Überhaupt muß der **Huf fettfrei** sein!)
- Das **Glasfasergewebe** wird in der **benötigten Größe ausgeschnitten**. (Achtung, es fasert sehr leicht auf!) Für **kleine Pferde** später eine **Doppellage** kleben, für **große Pferde bevorzugt eine Dreifachlage**. Möchte man die Hufwand noch mehr stärken, können auch mehr Lagen verwendet werden. Für das Aufbringen einer **Doppellage faltet** man das Glasfasergewebe einfach.
- Der **Kronsaum** wird mit einem Malerabklebeband **abgeklebt**, um ihn vorübergehend zu schützen. (Dies kann auch schon vor dem Beraspeln geschehen!)
- Das **Acrylharz** (oder entsprechend ein anderes geeignetes Harz mit einer Verarbeitungszeit von etwa 5 Minuten) wird **nach Vorschrift** angesetzt (Harz plus Härter in einem Plastikbecher gründlich verrühren.) Zum Anmischen und Auftragen des Harzes sollte man am besten **Einmalhandschuhe** tragen, mit denen man das flüssige Harz anfassen kann!
- Das angerührte, noch **dünnflüssige Harz** wird mit einem flachen Holzspatel (oder etwas anderem fusselfreien) **auf die angeschliffene Hufwand aufgetragen**, bis die gesamte später zu beklebende Fläche damit imprägniert ist.
- Das **Glasfasergewebe** wird (im gefalteten Zustand) mit dem Rest des noch **dünnflüssigen Harzes getränkt** und **auf den vorimprägnierten Huf aufgelegt**, zurechtgerückt und angedrückt. Achtung, das getränkte Glasfasergewebe ist ziemlich glitschig!
- Anschließend läßt man das Harz **durchhärten**. Im Sommer reicht es, das Pferd angebunden eine viertel Stunde stehen zu lassen, dann ist die Klebung handtrocken. Bei **kälterer Witterung** (weniger als 20°C) kann man die Beklebung mit einem **Fön** einige Zeit wärmen, bis sie hart genug ist. Manche Pferde mögen das aber nicht. Einfacher ist es meines Erachtens, die noch nicht gehärtete Beklebung sicherheitshalber mit einer dünnen Folie abzudecken und dann die **mit heißem Wasser gefüllten Einmalhand-schuhe** auf die Beklebung zu drücken und dort einige Zeit zu belassen, wodurch die Aushärtung gestartet wird und binnen einiger Minuten zu einer hinreichenden Aushärtung führt, die es gestattet, die Beklebung ein erstes Mal grob zu beraspeln, um überstehende Bereiche zu entfernen. Die **endgültige Beraspelung** erfolgte erst **am nächsten Tag nach der vollständigen Aushärtung**.

Wie bereits im vorgehenden Kapitel berichtet, habe ich die Beklebung der Hufwand am rechten Vorderhuf meines Vollblüters, der eine Hornsäule aufweist, auch weiterhin beibehalten, obwohl der Hornspalt längst herausgewachsen ist. Ich möchte dieses Vorgehen auch anderen empfehlen, deren Pferde Hornsäulen haben.

Bevor man versucht, Hornspalten durch Beklebung zu beseitigen, muß aber auch das möglichste getan werden, um deren Ursache zu beseitigen! Hierzu gehören falsch bearbeitete Hufe! Man sollte hierzu einen Spezialisten (Huforthopäden) zu Rate ziehen. Aber auch die Spezialisten arbeiten nicht alle nach der gleichen Methode und auch nicht alle gleich gut. Es ist eigentlich verwunderlich, daß es mehrere unterschiedliche Lehren zur Hufbearbeitung gibt, wo es doch eigentlich theoretisch nur eine einzige geben sollte. Und es kommen immer wieder neue hinzu, z.B. die des deutschstämmigen Argentiniers Daniel Anz, dessen Verfahren zur Zeit von der Universität Leipzig untersucht wird.

Da alle diese Lehren Erfolge für sich verbuchen, habe ich einmal versucht einen „gemeinsamen Nenner" zu finden, der mehr oder weniger ausgeprägt bei allen unterschiedlichen Huflehren zu finden ist und habe das an meinem Vollblüter ausprobiert.

Demnach würde ich bei Problemen an den Hufen zu folgendem raten:

- Hufe sollten kurz sein (auch Wildpferdehufe sind kurz). Es hat sich bei vielen Pferdehaltern nur die Form des beschlagenen Hufes als „normal" im Gedächtnis eingebrannt, und diese Hufe werden mit der Zeit immer länger, was zu ungünstigen Hebelverhältnissen führt. Wenn schon Beschlag, dann möglichst häufig und außerdem Kaltbeschlag. (Diesen machen Schmiede leider ungerne, weil sie dann genauer arbeiten müssen ….)

- Jeder Wandbereich, der sich unphysiologisch umlegt (meistens im Trachtenbereich), muß so weggeschnitten (Fachbegriff „gekontert") werden, daß er an der umgelegten Stelle wieder senkrecht zum Boden steht. Außerdem zeigt schon die Tatsache des Umlegens, daß die herausragende Wand dort zu hoch ist. Die Wand ist dann auch in ihrer Höhe zu kürzen (abraspeln). Wenn man ein Stück Wand wegraspelt, muß man aber auch gleichzeitig die anderen Wandteile etwas beraspeln, damit der Huf seine Stellung nicht stark ändert!

- Der Huforthopäde unseres Stalles läßt an der Zehenmitte des Hufes überhaupt kein Wandhorn überstehen, sondern das Sohlenhorn geht dort kontinuierlich in das Wandhorn über. Dadurch lassen sich in der Tat viele Hornspalten mittig an der Zehe verhindern und beseitigen! Der gewünschte stärkere Gesamtabrieb des Zehenhornes wird dann durch einen etwas stärkeren Sohlenabtrag und stärkere Wandberaspelung links und rechts der Zehenmitte erreicht.

H. Klebeverbände über Wunden

Wunden sind beim Pferd häufig schlecht zu verbinden, besonders an bewegten Teilen (Gelenke). Die häufig verwendeten hohen Verbände vom Huf an aufwärts behindern darüber hinaus die Bewegung des Pferdes und sind einer Heilung daher manchmal sogar abträglich.

Deswegen sollte man aber selbst kleinere Wunden meines Erachtens nicht einfach offenlassen. (Um die ganz kleinen sollte man sich aber nicht kümmern: der Körper des Pferdes muß lernen, diese Verletzungen selbst in den Griff zu bekommen!)

Vor allem im Sommer können Fliegen und Schmutz, der in die Wunde gerät, die Heilung sehr verzögern und auch zu gefährlichen Infektionen (Einschuß/Phlegmone) führen.

Sprühverbände oder auch Salben, die die Wunde abdecken, bewähren sich nicht bei jedem Pferd.

Bereits vor vielen Jahren habe ich von meiner Tierärztin das im folgenden beschriebene einfache Verfahren erlernt, welches sich seitdem sehr bewährt hat! Seit einiger Zeit habe ich es von tierärztlicher Seite nicht mehr in Anwendung gesehen! (Vermutlich, weil es zu einfach und zu billig ist!)

1.) Die **Wunde** wird zuerst, wie üblich, **gesäubert** und mit einer **Wundsalbe** behandelt. (Ich persönlich bevorzuge Furacin® oder Tyrosur®-Gel, aber es gibt sicher auch andere gute Salben. Ein mit Dermacyn® getränktes Stück Mull ist auch sehr geeignet.)

2.) Auf einen luftdurchlässigen **Verbandsmull** ausreichender Größe wird **am Rand** UHU®-**Alleskleber** (manche Tierärzte haben wohl auch Pattex® und andere ähnliche Kleber verwendet) aufgetragen und der Verbandsmull dann **direkt auf das Fell geklebt** und der Kleberand leicht angedrückt. Dabei sollte der Verbandsmull etwas **gerafft** sein, damit er nicht direkt auf der Wunde aufliegt und bei Bewegung nicht auf dieser spannt! Außerdem muß er auch noch ein eventuelles Anschwellen des Gewebes darunter mitmachen können! An bewegten Stellen, wie zum Beispiel Gelenken, gilt dies noch viel mehr, damit keine Zugkräfte auf die Klebung ausgeübt werden!

Man sollte den Kleber nicht so stark an das Fell andrücken, daß er das Fell bis auf die Haut durchdringt, weil sonst der Verbandsmull nur schwer wieder zu lösen ist.

Man braucht den Verbandsmull (natürlich abhängig von der Wunde) auch nicht jeden Tag zu entfernen, häufig genügt alle zwei bis drei Tage. Oft reicht es darüber hinaus, nur eine Ecke des Klebeverbandes zu lösen und dann neue Salbe darunter zu streichen (falls überhaupt nötig).

Kleberflecken auf dem Fell gehen nach einiger Zeit von selbst weg. Man sollte nicht versuchen, sie mit Gewalt zu entfernen!

I. Schonende Wachstumhemmung von Equinen Sarkoiden

Equine Sarkoide sind virale Hauttumore, die in unterschiedlichen Formen auftreten. Ursache der Tumore sind wohl meistens Bovine Papillomaviren, also eigentlich Viren, die von Rindern stammen. Für Sarkoide im Genitalbereich wurde auch ein spezieller pferdetypischer Virus nachgewiesen (Equus caballus papillomavirus-2; S. Brandt u.a., Equine Veterinary Journal (2010), 42 (8)).

Nach einer Behandlung/Entfernung kommt es häufig zu einer erneuten Bildung. Die Behandlungen sind teils sehr aggressiv und führen zu tiefen Wunden.

Ingwer reicht, anders als bei Melanomen, in den niedrigeren und mittleren Dosierungen (auf jeden Fall bis etwa 12 Gramm pro 100 Kilo Körpergewicht) nicht für eine Behandlung dieser raschwachsenden und dazu noch von einem Virus verursachten Tumorart aus. Hohe Dosierungen (ab 25 Gramm pro 100 Kilo Körpergewicht) wurden aber auch nicht getestet!

Einen Teilerfolg brachte das abwechselnde Auftragen von Lebertran und Lebermoosextrakt! Dadurch konnte eine Vergrößerung der Sarkoide verhindert werden, es mag sogar eine sehr geringfügige Abnahme der Größe stattgefunden haben. Hautbereiche, die zwar schon verändert waren, aber noch keinen Knoten gebildet hatten, veränderten zumindest ihr Aussehen wieder und wurden wieder normaler Haut ähnlicher.

Der Versuch war zuerst über mehrere Monate nur mit Lebermoosextrakt durchgeführt worden, der konzentriert auf die betroffenen Hautpartien aufgetragen wurde. Lebermoosextrakt besitzt nämlich die Wirkung, das Wachstum von Tumorzellen auf die Normalteilungsgeschwindigkeit herabzusetzen. Dieser Effekt war in vitro vom Sohn von Prof. Frahm an Mäusekrebszellen festgestellt worden. Der Lebermoosextrakt alleine zeigte aber hier keine beobachtbare Wirkung und die Sarkoide wuchsen weiter.

Daraufhin wurde über mehrere Wochen Lebertran auf die betroffenen Stellen aufgetragen. Der Gedanke dahinter war, daß Lebertran einen sehr hohen Gehalt an Vitamin D aufweist und Vitamin D bekanntermaßen Tumorwachstum ebenfalls bremst. Auch Lebertran alleine zeigte aber keine beobachtbare Wirkung.

Daraufhin wurde die Behandlung alternierend durchgeführt und **abwechselnd Lebermoosextrakt und Lebertran aufgetragen**. Dies führte nun tatsächlich zu einem deutlichen Effekt, bei dem kein Wachstum mehr stattfand! Allerdings fand leider auch keine Heilung statt!

An empfindlichen Körperteilen oder wenn kleinere Sarkoide noch nicht stören und wenn es dem Pferdebesitzer nichts ausmacht, fast täglich behandeln zu müssen, ist diese schonende Behandlung meiner Meinung nach aber in vielen Fällen doch sinnvoll. Es hat sich dabei gezeigt, daß es auch schon ausreicht, am **ersten Tag Lebermoosextrakt** und am **zweiten Tag Lebertran** aufzutragen und dann am **dritten Tag die Haut unbehandelt** zu lassen und erst dann wieder von vorne zu beginnen.

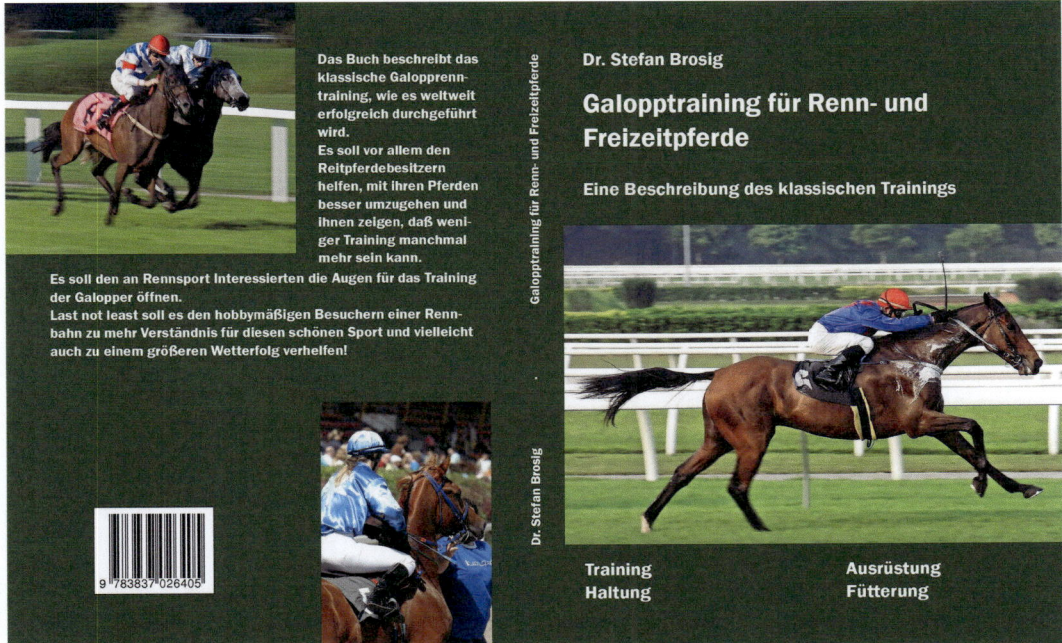

Das Buch beschreibt das klassische Galopprenntraining, wie es weltweit erfolgreich durchgeführt wird.
Es soll vor allem den Reitpferdebesitzern helfen, mit ihren Pferden besser umzugehen und ihnen zeigen, daß weniger Training manchmal mehr sein kann.
Es soll den an Rennsport Interessierten die Augen für das Training der Galopper öffnen.
Last not least soll es den hobbymäßigen Besuchern einer Rennbahn zu mehr Verständnis für diesen schönen Sport und vielleicht auch zu einem größeren Wetterfolg verhelfen!

Galopptraining für Renn- und Freizeitpferde

Dr. Stefan Brosig

Dr. Stefan Brosig

Galopptraining für Renn- und Freizeitpferde

Eine Beschreibung des klassischen Trainings

Training
Haltung

Ausrüstung
Fütterung

Jahrhundertelang ist das Wissen um das klassische Training des Rennpferdes nur von Mund zu Mund weitergegeben worden, vom Trainer an seine Jockeys und Auszubildenden, die es dann wiederum, während ihres eigenen Trainerlebens, an die eigenen Jockeys und Auszubildenden weiterreichten.
Mehr Literatur findet man über Intervalltrainingsmethoden, die einige Zeit in den USA modern waren. Das klassische Training, wie es sich über Jahrhunderte empirisch entwickelte und wie es, mit geringfügigen Abweichungen, weltweit betrieben wird, ist hingegen erschöpfend nirgendwo schriftlich niedergelegt. Dieses Buch möchte diese Lücke schließen helfen. Es basiert auf einem Lehrgang am Direktorium für Volblutzucht und Rennen, vielfach wird aber auf Erfahrungen von Deutschlands erfolgreichstem Galopprenntrainer, Heinz Jentzsch, verwiesen.
Das Buch hilft auch Besitzern von Reitpferden, ihr Pferd besser zu trainieren.

Inhalt: Die Vollblutzucht/ Die Rennen/Haltung/ Futter/ Der Beschlag des Rennpferdes/ Exterieur/Farbe und Feuer/ Die Ausrüstung von Roß und Reiter im Rennen/ Stallroutine: Ein Arbeitstag im Rennstall/ Das Training:/ A. Flachrennen/ Trainingsgrundlagen/ Vergleich des Trainings bei Mensch und Pferd/ Übersicht über den allgemeinen Trainingsablauf/ Das Training von dreijährigen und älteren Pferden/ Vorbereitung und Ausbildung der Jährlinge/ Das Training der Zweijährigen/ B. Hindernisrennen/ Allgemeines/Training/ Doping/ Vererbung / Erklärung renntechnischer Begriffe/ Ein Rennpferd als Reitpferd? Tips zum Kauf/ Anhänge:/ Kurzanleitung zur Fütterung von Ingwer an Pferde/ Kurzanleitung zur Fütterung von Meerrettich an Pferde/ Analyse des Energieverbrauchs im Bewegungsablauf des Rennpferdes

Zu beziehen über den Buchhandel ISBN: 978-3-8370-2640-5
(Richtpreis Inland 18,90 Euro, BoD-Verlag, 164 Seiten, Format 17 x 22 cm)

Das Leben von Jens Siburg, Inhaber eines idyllisch am Fuße der Berge gelegenen kleinen Reitschulbetriebs, verläuft in geregelten Bahnen. Das ändert sich jedoch, als sein zurückgezogen lebender Nachbar stirbt und er vom Erben den Hof samt dreier Pferde übernimmt.

Hinter der Abstammung dieser Pferde steckt ein außergewöhnliches Geheimnis. Und plötzlich gibt es auch Interessenten für die Tiere, die Jens aber nicht mehr aus der Hand gibt, nachdem er, gemeinsam mit der jungen Wissenschaftlerin Mareike Hansen, dieses Geheimnis teilweise entschlüsselt hat. Sein Ziel ist nun, mit einem der Pferde ein bedeutendes Rennen zu bestreiten.

Aber seine Gegner lassen nicht locker, und schließlich muß Jens auf diesem Tier selbst um sein Leben reiten! Und das ist nur der Anfang ....

Nur durch die Liebe einer jungen Frau, zweier junger Frauen, kann Jens hoffen, dieses Abenteuer zu bestehen!

Kriminalroman, Pferderoman, Liebesroman, ...
Dieses Buch ist ein absolutes MUSS, nicht nur für Pferdeleute!

Zu beziehen über den Buchhandel unter der ISBN: 978-3-8370-1968-1
(Richtpreis Inland 12,80 Euro, BoD-Verlag, 220 Seiten, Format 17 x 22 cm)